Hermann Wahle

Die Pharsale des Nicolas von Verona

Hermann Wahle

Die Pharsale des Nicolas von Verona

ISBN/EAN: 9783744604680

Hergestellt in Europa, USA, Kanada, Australien, Japan

Cover: Foto ©ninafisch / pixelio.de

Weitere Bücher finden Sie auf **www.hansebooks.com**

AUSGABEN UND ABHANDLUNGEN

AUS DEM GEBIETE DER

ROMANISCHEN PHILOLOGIE.

VERÖFFENTLICHT VON E. STENGEL.

LXXX.

DIE PHARSALE

DES

NICOLAS VON VERONA.

VON

HERMANN WAHLE.

MARBURG.
N. G. ELWERT'SCHE VERLAGSBUCHHANDLUNG.
1888.

Vorwort.

Den bisher veröffentlichten oder in der Literatur besprochenen Dichtungen des Nicolas von Verona — 1) Die letzten 131 Verse der »Entrée de Spagne«, veröffentlicht von A. Thomas in seinen »Nouvelles recherches sur l'Entrée de Spagne«, 1882; 2) die »Prise de Pampelune«, herausg. v. Mussafia, Wien 1864; 3) die »Passion«, von welcher A. Thomas ebenfalls 195 Verse, nämlich Anfang und Schluss mitteilt — schliesst sich mit der Pharsale eine neue an. Dieselbe dürfte zumal aus folgenden Gründen einiges Interesse verdienen: Das Gedicht bietet mit seinen Angaben über den bisher nur mit Namen bekannten und nur in der Passion vollständig genannten Dichter einen Anhalt zur örtlichen und zeitlichen Fixierung desselben und gestattet weitere Schlüsse über seine Person. Die Untersuchung der Sprache und Metrik liefert einen neuen Beweis für die durch A. Thomas schon fast unwiderleglich bewiesene Annahme, dass Nicolas von Verona der Verfasser der unter 1) und 2) genannten Dichtungen ist. Die Vergleichung des Gedichtes mit seinen Quellen gestattet einen Schluss auf die Art, wie Nicolas einen ihm gebotenen Stoff zu gestalten wusste, eine Beobachtung, welche die bisher bekannten Dichtungen nicht anzustellen erlaubten, weil die Quellen derselben unbekannt sind. Endlich dürfte unsre Dichtung, deren grosse Uebereinstimmung mit der Prise de Pampelune sowohl hinsichtlich der Sprache und Metrik als in der Art der Widergabe der Laute durch die Schrift zu der Ueberzeugung führt, dass beide uns nahezu in der vom Dichter niedergeschriebenen Form vorliegen, im Verein mit der

Prise von einigem Wert für solche Untersuchungen sein, welche die Wandlungen des Französischen im Munde der italienischen Dichter zum Gegenstand haben. Was die Bezeichnung La Pharsale betrifft, so habe ich keinen Grund gehabt, diesen allerdings weder als Ueberschrift noch sonst im Gedicht vorhandenen Namen, unter welchem Herr Professor Ritter in Genf die Güte hatte mich auf die Handschrift aufmerksam zu machen, zu ändern.

Schliesslich erfülle ich eine angenehme Pflicht der Dankbarkeit, wenn ich den Herren Professor Ritter in Genf, Professor Suchier in Halle und Professor Stengel in Marburg für ihre freundlichen Winke, durch welche meine Arbeit nur gewinnen konnte, auch an dieser Stelle meinen verbindlichsten Dank sage.

Magdeburg, im Mai 1888.

Hermann Wahle.

Einleitung.

1] Die **Handschrift**, welche ich nachstehend zum Abdruck bringe — meines Wissens die einzige, welche die Pharsale enthält — befindet sich auf der Bibliothèque publique in Genf und ist in dem Catalogue de Senebier (p. 350) verzeichnet als »Manuscrit français no. 81«. Sie füllt den zweiten Teil eines Bandes, in welchem sich noch eine altfranzösische »Histoire ou Chronique de France« befindet. Sie ist in gut leserlichen Minuskeln auf Pergamentblättern in Folio vermutlich im 15. Jahrhundert*) geschrieben und besteht aus 117 einreimigen Tiraden. Die Initiale einer jeden ist in roter oder blauer Farbe ausgeführt, diejenige der ersten ist bunt und in grösserem Massstabe hergestellt als die übrigen. Einmal (2181-2) ist vor zwei eine Sentenz darstellende Verse ein dem Z ähnlicher, in roter Farbe wie die Initialen ausgeführter Buchstabe gemalt und hinter beiden durch eine Schleife verbundenen Versen steht von jüngerer Hand ‚non' oder ‚nor' geschrieben. Die Bedeutung dieser Zeichen ist mir unklar. Auf der ersten Seite sind die Verse in drei, auf den übrigen in zwei Colonnen angeordnet. Der am Ende von 9b stehende Vers 825 ist in der Form »E dist segnor vees la glorie soueraingne« zu Beginn der folgenden Seite wiederholt. Es sind im Text mehrfach Korrekturen vorhanden, deren viele, wie aus ihrer modernen Form hervorgeht, von einer weit jüngeren Hand nachgetragen sind, während andere, im Ductus der Handschrift gehalten und mit demselben Material hergestellt wie diese, ursprünglich zu sein scheinen. Bei Herstellung des Textes habe ich die ersteren als nicht vorhanden betrachtet. Interpunktion fehlt. Am Schluss des Gedichtes ist

---

*) Ich kann diese Vermutung freilich nur durch folgende Beobachtungen stützen: 1. Die Handschrift weist öfter »d'« als Abkürzung für »de« auf, was nach Wattenbach (Anleitg. zur lat. Paläographie S. 73) erst im 15. Jahrh. aufkommt; 2. Für »er« verwendet die Hschr. drei verschiedene Zeichen, welche erst vom 15. Jahrh. an promiscue gebraucht werden (Wattenbach, ebenda S. 72).

ein Dank oder sonst ein äusseres Anzeichen dafür, dass der Dichter zu Ende ist, nicht vorhanden.

2] Ueber die Person des Dichters und die Zeit der Abfassung des Gedichtes geben die Verse 1933-7 Aufschluss. Danach ist die Pharsale von Nicolas von Verona im Jahre 1343 für seinen Herrn, Nicolas von Este, Markgraf von Ferrara, gedichtet, eine Angabe, welche noch dadurch erhärtet wird, dass die dieselbe enthaltenden Verse 1934, 1935 und 1937 akrostichisch in den Initialen der 3. bis 96. Tirade verwandt sind. Dieser Nicolas von Verona ist identisch mit dem sich ebenfalls selbst nennenden Verfasser der von A. Thomas in »Nouvelles recherches sur l'Entrée de Spagne« besprochenen Passion. Die zunächst nur aus der Uebereinstimmung der Namen hervorgehende Identität der Verfasser lässt sich ausserdem durch die Vergleichung der Sprache erweisen: dieselben Eigentümlichkeiten, welche A. Thomas in seinem Nachweise, dass der Verfasser der »Prise de Pampelune« und derjenige des Schlusses der »Entree de Spagne« mit dem in der »Passion« sich nennenden Nicolas von Verona identisch sei, springen auch bei der »Pharsale« in die Augen. Ich hebe dieselben hier nicht besonders hervor, sondern verweise auf die nachfolgende Darstellung der metrischen Eigentümlichkeiten, der Lautverhältnisse und der Formenlehre. Auch der Wortschatz mit seinen zahlreichen nicht echt französischen Formen und Redewendungen, welche ich teilweise im Glossar verzeichne, bestätigen die aufgestellte Behauptung. — Der von Nicolas als sein ‚segnour' genannte Nicholais, la flor des Estenois — de Ferare marchois — ist der 1344 verstorbene Niccolo (I.), welcher nach seines Bruders Rinaldo's Tode von 1335 an gemeinsam mit einem ihn überlebenden zweiten Bruder Obizzo die Herrschaft über Ferrara führte, nachdem dasselbe 1317 aus der päpstlichen Gewalt in die Hände der Este übergegangen war. Da der Dichter jenen Nicholais seinen ‚segnour' nennt, ein Abhängigkeitsverhältnis zwischen Verona und Ferrara, welches den Markgrafen von Ferrara zum Herrn der Veroneser machte, aber nicht bestand, so vermute ich, dass der Dichter im Jahre 1343 am Hofe der Este lebte.

3] Gegenstand des Gedichtes ist im Wesentlichen die Schlacht bei Pharsalus. In der Einleitung (1-45) weist der Dichter auf die Bedeutung derselben hin, bittet um geneigtes Gehör und gibt den Grund an, weshalb er die Geschichte, nämlich »Le feit des Romeins« (28) in Reime gefasst habe: die Thaten Hectors, Alexanders, Rolands u. a. könne man leicht erzählen, weil über sie gereimte und deshalb leicht im Gedächtnis haftende Dichtungen vorhanden wären, nicht so »Le feit des Romeins«. Er wolle dieses darum reimen, damit man bei der Erzählung keine Irrtümer beginge. Mit »Le feit des Romeins« ist der so betitelte, zum Teil nach Lucan's »Pharsalia« gearbeitete, altfranzösische Prosaroman gemeint, welcher indessen weit mehr erzählt als nur die Schlacht bei Pharsalus. — Der Dichter reimt also ausdrücklich zum Zweck des freien Vortrags, was auch aus Wendungen wie »Oiés dou fil Pompiu..« (138), »Oiés fere venture..« (1021), »Volés oïr s'il fist fortune des signaus..« (594), »Com vos porés oïr..« (894), »Ja porés oïr jostre..« (1055 u. 58), »Oï avés en peis e en silance..« (923) u. a. hervorgeht. — Von Vers 46 an erzählt Nicolas die Stimmung in beiden Heeren vor der Schlacht und die Vorbereitungen zu derselben (bis 900), darunter Sextus' Gang zur Zauberin Heriton (74-329). Mit Vers 901 beginnt die Schilderung der Schlacht. 1058-62 kündigt der Dichter die Erzählung eines bei Lucan nicht geschilderten Kampfes an, welchen aber — wie er sagt — Cäsar in einem über seine Eroberungen geschriebenen Buche hätte schildern lassen. Es sind dies die in dem altfranzösischen Cäsarroman mit fast denselben Worten — jener behauptet seine Angaben ausser bei Cäsar noch bei »Suetoine et ailleurs« gefunden zu haben — angekündigten, bei Nicolas von 1063 bis 1521 geschilderten Einzelkämpfe. Dieselben sind indessen weder bei Cäsar noch bei Sueton vorhanden, sondern wahrscheinlich, wie P. Meyer (Romania XIV) vermutet, ein durch Lucans »Quidquid in hac acie gessisti, Roma, tacebo« (Pharsalia VII. 556) verursachtes Erzeugnis der Phantasie des Dichters jenes Romans. Mit 1922 ist die Schilderung der Schlacht zu Ende. 1923-54 enthält eine Ankündigung des noch zu Erzählenden: Cäsar's Verhalten nach der Schlacht und Pompejus' weitere Schicksale. — Hier schaltet Nicolas die Angaben über seine Person ein. Darauf erfüllt der Dichter sein Versprechen, indem er das Verweilen des cäsarianischen Heeres auf dem Schlachtfelde und im pompejanischen Lager, sowie seinen Abzug, ferner des Pompejus Flucht nach Larissa, Mytilene, an der kleinasiatischen Küste entlang und nach Aegypten erzählt, worauf er mit dem Tode des Pompejus schliesst.

4] Ich komme nun zur Frage nach den Quellen, aus welchen Nicolas den soeben kurz angedeuteten Stoff geschöpft hat. Derselbe ist zwar mit Ausnahme der schon erwähnten Einzelkämpfe wesentlich in derselben Anordnung, wenngleich mit ganz anderer Färbung erzählt von Lucan in seiner »Pharsalia« VI ca. 398 bis VIII 690. Die Erzählung jener Einzelkämpfe hingegen weist auf den Roman »Le fait des Romains« (vgl. P. Meyer in Rom. XIV 1 ff.), welcher in der ersten Hälfte des

VIII

13. Jahrhunderts entstand, seinen Inhalt vornemlich aus Sallust, Sueton, Lucan und den Kommentaren Cäsars schöpfte und die Thaten Cäsars, unter ihnen die Schlacht bei Pharsalus, sehr ausführlich und mit selbständigen Zusätzen versehen erzählt. Es könnten nun aber neben oder an Stelle dieser Dichtungen dem Italiener auch die beiden schon bald nach dem Roman entstandenen italienischen Bearbeitungen desselben als Quelle gedient haben. Die erste derselben, vom Jahre 1313, jetzt mit dem Titel »Lucano tradotto in prosa« versehen, ist nach P. Meyers Angaben eine sehr treue, oft wörtliche Uebersetzung des französischen Romans. Die zweite, wahrscheinlich etwas jüngere, mit dem Titel »I fatti di Cesare« ist, was Mussafia als wahrscheinlich hinstellt, unabhängig von der ersten entstanden. Sie ist nicht so genau wie jene, sondern bearbeitet den gegebenen Stoff stellenweise freier, kürzt zuweilen mehr oder weniger stark und lässt Vieles ganz aus. Zeitlich dürfte auch sie der Nicolas'schen »Pharsale« noch vorausgehen. Von dieser Seite lässt sich also die Möglichkeit, dass die genannten vier Dichtungen sämmtlich Nicolas als Quellen vorgelegen haben oder bekannt gewesen sind, nicht bestreiten. Die späteren, von P. Meyer genannten Bearbeitungen können, weil erst von den Jahren 1940, 1392 und 1500 herrührend, für uns nicht in Betracht kommen. Auch die zeitlich Nicolas' Dichtung vorangegangenen französischen Cäsarromane des Jacot de Forest und des Jehan de Tuim sind als Quellen ohne Bedeutung, wenigstens ist mir nichts aufgestossen, was die Vermutung einer Benutzung derselben durch Nicolas rechtfertigte. Es werden also nur die oben genannten vier Dichtungen näher zu untersuchen sein. Bevor ich Nicolas' Verhältnis zu denselben erörtere, schalte ich einige Angaben über die bei dieser Untersuchung benutzten Materialien ein: Lucan hat mir in der Ausgabe von Weber, Leipzig 1828, 3 Bde. vorgelegen. Von dem französischen Roman habe ich die auf der Marcusbibliothek in Venedig befindliche Handschrift: »Histoire des douze Cesars, cat. franc. Zan. III« aus dem Anfang des 14. Jahrhunderts, soweit sie für unsere Dichtung in Betracht kommt, benutzt. P. Meyer sagt von den verschiedenen Handschriften des Romans, sie unterschieden sich nur durch von den Abschreibern herrührende Fehler; leider sind derselben bei dem venezianer Exemplar nicht wenige, auch sind mehrere Lücken vorhanden, doch wird dadurch die Brauchbarkeit desselben für unsern Zweck nicht wesentlich beeinträchtigt. Von der ersten italienischen Bearbeitung haben mir nur die von Nannucci in seinem »Manuale della litteratura del primo secolo della lingua italiana«, 2. Ausgabe I. 507-15 und II. 172-92, nach der in der Bibliothek Riccardi in Florenz be-

findlichen Handschrift abgedruckten Bruchstücke vorgelegen, von der zweiten die von L. Banchi nach einer Handschrift von Siena in der Collezione di opere inedite o rare dei primi tre secoli della lingua unter dem Titel »I fatti di Cesare, testo di lingua inedito del secolo XIV, Bologna 1863« veranstaltete Ausgabe. Der Kürze halber bezeichne ich diese letztere (wie Gellrich in seiner Ausgabe der »Intelligenza«) mit F, die vorhergenannte mit J, den Roman mit R.

5] Weist schon die Episode der Einzelkämpfe wenn nicht auf ausschliessliche, so doch auf eine Mitbenutzung der mittelalterlichen Quellen hin, so zeigt ein genauerer Vergleich der »Pharsale« mit Lucan einerseits, R, J und F andrerseits, dass die inhaltliche Uebereinstimmung mit R und J im Ganzen und im Einzelnen diejenige mit Lucan bedeutend überwiegt; F tritt etwas zurück. F nämlich zeigt, wie schon erwähnt, viele Kürzungen und Lücken, an Stelle deren Nicolas die vollständige Darstellung gibt, wie sie R (und jedenfalls auch J) enthält. So ist bei F, um nur das Hauptsächlichste herauszuheben, die Schilderung der Einzelkämpfe und diejenige der Flucht des Pompejus sehr stark gekürzt, während das von Nicolas 1247-69, 1283-6, 1295-1312, 1365-98, 1540-54, 1757-89, 1844-61, 2043-78, 2358-2441, 2508-32, 2981-98, 3016-41 Erzählte überhaupt fehlt. F kann also ebensowenig als Lucan die Hauptquelle gewesen sein. Dass Nicolas sich oft auf Lucan oder ‚le latin‘ beruft — oft heisst es auch ‚l'autor‘ — fällt dabei nicht ins Gewicht. Es bleibt R und daneben J. Ein Vergleich unsres Gedichtes mit R zeigt, trotz mehrfacher Abweichungen: Erweiterungen, Kürzungen, Veränderungen in der Anordnung eine so grosse, oft wörtliche, gegen das Ende immer auffallender werdende Uebereinstimmung mit R, dass das inhaltlich zwar dasselbe wie R bietende, aber in andrer Sprache abgefasste J zurücktreten und dass R unbedenklich als Hauptquelle unsres Gedichts gelten muss; dafür spricht auch, ohne indessen hierauf viel Gewicht legen zu wollen, der zweimalige Hinweis des Dichters auf »Le fait des Romeins«, wie R in einer grossen Anzahl von Handschriften betitelt ist: Vers 28-29 sagt Nicolas: »Mes dou fait des Romeins ne pooit por certance Nul conter bien a pont tot la droite sentance...«, und 1933 heisst es: »E ce que çe vous cont dou feit des Romanois Nicholais le rima dou païs veronois«.

6] Ob Nicolas die italienischen Bearbeitungen J und F oder eine derselben gekannt und neben R benutzt hat, muss ich dahingestellt sein lassen; eine Notwendigkeit, diese Annahme zu machen, liegt nicht vor; keinesfalls aber berechtigt dazu die zuweilen vorhandene Uebereinstimmung einzelner Ausdrücke Nicolas' mit *F* oder *J*, welche vielmehr auf die Benutzung gleicher Quellen durch Nicolas sowohl als durch die Verfasser von *J* und *F* zurückzuführen sein wird.

7] Anders steht es mit der Benutzung Lucans. Unser Gedicht weist mehrere Stellen auf, welche bei *R* nicht, wohl aber bei Lucan am entsprechenden Orte vorhanden sind, während sie bei *F* resp. *J* ebenfalls fehlen. Man muss also vermuten, dass Nicolas diese in unmittelbarer Anlehnung an Lucan in sein Gedicht aufgenommen habe*). — Dem lässt sich zunächst erwidern, dass *Rv* lückenhaft ist, wie der Vergleich mit *J* und mit *F* zeigt: So weist Cäsars Ansprache an sein Heer bei *Rv* zwei den Stellen 765-70 und 772-76 der »Pharsale« entsprechende Lücken auf, während *J* an Stelle dieser Lücken das auch in der »Pharsale« Stehende bietet; ferner ist das von Nicolas 1038-47 sowie das 1141-88 Erzählte in *Rv* nicht vorhanden, wohl aber das Erstere ausführlich, das Letztere wenigstens kurz referierend bei *F* erzählt. Man könnte nun zwar annehmen, Nicolas hätte diese bei *Rv* nicht vorhandenen Stellen von *J* und *F* entlehnt, womit dann auch die Benutzung dieser Bearbeitungen durch ihn nachgewiesen wäre. Indessen wie sollten *J*, welches eine treue Uebersetzung, und *F*, welches eine freie, gekürzte, aber nicht erweiterte Bearbeitung von *R* ist, zu übereinstimmenden Zusätzen kommen? Andrerseits bleibt zu berücksichtigen, dass der Schreiber von *Rv* sich auch noch viele kleinere Versehen: Wiederholungen, Verstümmelungen und Auslassungen hat zu Schulden kommen lassen. Es liegt also näher anzunehmen, dass auch die genannten grösseren Lücken auf seine Rechnung zu setzen sind, dass mithin jene Stellen im Originalroman und auch noch in *Rn* gestanden haben und von hier, nicht aber aus *J* oder *F* in die »Pharsale« gelangt sind. Dasselbe wäre von einigen andern Stellen anzunehmen, wo ebenfalls dem Nicolas'schen Text bei *Rv* nichts entspricht und wo die Annahme selbständiger Zusätze des Dichters ausgeschlossen erscheint. Wenn auch *F* nichts diesen letzteren Stellen Entsprechendes aufzuweisen hat, so darf dies bei den in dieser Bearbeitung oft vorhandenen starken Kürzungen nicht Wunder nehmen. *J* liegt mir hier leider zum Vergleich nicht vor. Aus der soeben bewiesenen Lückenhaftig-

---

*) In der folgenden Untersuchung bezeichne ich die in Venedig befindliche Handschrift des Romans mit *Rv*, die vom Verfasser von *J* benutzte mit *Ri*, die für *F* benutzte mit *Rf* und schliesslich Nicolas' Vorlage mit *Rn*, ohne indessen damit die Möglichkeit der Identität einiger von diesen Handschriften in Abrede stellen zu wollen.

keit von *Rv* folgt nun aber weiter, dass da, wo die »Pharsale« in Uebereinstimmung mit Lucan Angaben bietet, welche bei *Rv* fehlen und für deren etwaiges Vorhandensein im Originalroman ich auch aus *F* und ev. *J* keinen Beleg herbeischaffen kann, sich keineswegs sofort die Benutzung Lucans durch Nicolas ergibt: Jene Angaben könnten ja in *R* und auch noch in *Rn* gestanden haben, während sie in *Rv* ausgefallen und auch von *F* nicht aufgenommen worden sind. Vielmehr sind dieselben — es sind mir im Ganzen acht aufgestossen — einzeln näher zu untersuchen und mit den Quellen zu vergleichen; erst dann wird man zu einem zuverlässigen Urteil über die Entlehnung aus Lucan kommen können. Ich bespreche sie im Folgenden:

a) Beim Vergleich von Heritons Zauberkünsten mit denjenigen andrer Zauberinnen nennt *Rv* nur: »Cil de Perse ne de Babiloine nen savoient mes rien a la comparaison de celes de Thesales«, und *F*: »Quelli di Babillonia e di Persia ...«, während Nicolas wie Lucan im Einzelnen aufführt (107-9): »Medee« — Luc.: »terris hospita Colchis«, VI. 441 —, »Casandre Ni Helenus suen frer« — diese sind bei Lucan nicht genannt —, »nectanebus«*) — Luc.: »secreta Memphis« VI. 449 —.

b) Den Versen 615-17: »sor mons auganaus Joste le flum Brente ... Ou Anthenor ferma suen leu e suen casaus« entspricht bei *Rv*: »en un mont de seur Venece«, und bei *F*: »in uno monte verso Venezia«, bei Lucan aber VII. 192: »Euganeo ... augur Colle sedens, Aponos terris ubi fumifer exit, Atque Antenorei dispergitur unda Timavi.« Die Worte »mont de seur Venece« bei *Rv* könnten zwar für Nicolas ausreichende Veranlassung gewesen sein, die Euganeen als die Venedig nächstgelegene Berggruppe zu nennen, auch ohne Kenntnis des Lucan'schen Textes; dass er aber noch eine Bemerkung über Anthenor hinzufügt und ebenfalls einen Fluss namhaft macht, weist unzweifelhaft auf Benutzung Lucans hin; als ein der Gegend Kundiger ersetzte er den geographisch nicht hierher gehörigen Timavus durch die dort fliessende Brente.

c) Einen bei *Rv* nur kurz angedeuteten Gedanken: »Lucans le maudist por ce q'il coumença la bataille et q'il fu le premiers qui sanc espandi ou champ de Thesale«, welchen *F* ebenso ausdrückt: »Colui maladisse Lucano, che prima cominciò e fu cominciatore, e sparse sangue nel campo di Tessaglia«, führt Nicolas 925-39 weit aus und zwar in auch in der äusseren

---

*) In dem Alexanderroman, welcher Nicolas bekannt gewesen zu sein scheint, wird der aus Aegypten gebürtige ‚Nectanebus' mit ‚Olimpias' — auch diese zählt Nicolas mit auf — in Verbindung gebracht.

XII

Form unverkennbarer Anlehnung an Lucan VII. 46 ; ff., indem zumal 92˘ und 935-9 von VII. 470-2 entnommen sind: »Di tibi non mortem, quae cunctis poena paratur, Sed sensum post fata tuae ient, Crastine, morti. Cujus torta manu commisit lancea bellum . . .«.

d) Vers 910-20 erzählt Nicolas am Ende der Schlacht die Vernichtung eines Teiles der Pompejaner, welche sich auf einen Hügel flüchten. *Rc* und *F* wissen hiervon nichts: zwar erinner im Ausdruck »la couse est cau!de« (917) an eine in der Nähe befindliche Stelle bei *Rc*: doch steht sie daselbst in ganz anderem Zusammenhang: »Lors (nämlich nach der Flucht der Pompejaner) se pansa (Cæsar) q'il :ain;eroit ses homes e les feroit repouser, car asses en avoient ocis. Lors dist a ses homes, quant la retreite fu cornee: Seignor, tant com la chose est chaude e cil de la espars de paor, alons a leur tentes e a leur paveilons . . .«. Wohl aber dürfte die Erzählung der traglichen Scene durch Luc VII. 731-3 veranlasst sein: »Sed castra fugatos Ne revocent, pellatque quies nocturna pavorem, Protinus nostiti statuit succedere vallo, dum fortune calet . . .«.

e) Das Eindringen der Cäsarianer in das Pompejanische Lager ist bei Nicolas (1968-98) weit ausführlicher geschildert als bei *Rc* und dem das von *R* Gebotene noch kürzenden *F*. *Rc* schreibt : »... il coumencierent a poindre e a aler par desus armes e par desus cors.. Il ne leur chaloit ou il marchasent, tant estoit grans li desiriers de ravir cel avoir e mult trouverent es tentes grans tresors. Mes pou leur scembla a ce qu'il cuidoient avoir fet e deservi. Il entrent es loges e se dormirent ou li roys e li duc ... avoient avant dormi. E es lis a leur peres ... se couchierent li desloial qe il avoient aidié a ocire a leur mains«. — *F*: »Cesare abandonò tutti gli arnesi alli suoi cavalieri. Entraro li cavalieri di Cesare per le tende di loro adversari: gli arnesi rimasero a loro senza niuno contradetto. La notte venne, e'l giorno si partì. Li cavalieri si colcavano per le tende de' loro adversari . . .«. Auch hier dürfte Nic. einige Gedanken von Lucan entnomtnen haben, so 1977-82 von VII. 758-60 ebenso wie die Aufführung der Schätze einzelner Länder.

f) Von einer Anrufung Julias, der früheren Gattin des Pompejus, wie sie 2351-8 in Cornelias Klage eingeschaltet ist, erzählen *Rc* und *F* nichts; Lucan hingegen sagt VIII. 102-5: »Ubicumque jaces, civilibus armis Nostros ulta toros, ades huc, atque exige poenas, Julia crudelis, placataque pellice caesa, Magno parce tuo«. Nicolas führt diesen Gedanken weiter aus.

g) Die Verse 2987-97, eine Betrachtung des Dichters darüber, weshalb Setinus, der Mörder des Pompejus, nicht bei Pharsalus

mitgekämpft habe, und welche Schande es für den Sieger selbst
sei, dass Pompejus durch Römerhände fiele. erinnern an Luc.
VIII. 600-5: »Quis non, Fortuna putasset Parcere te populis,
quod bello haec dextra vacaret, Thessaliaque procul tam noxia
tela fugasses? Disponis gladios ne quo non fiat in orbe, Heu,
facinus civile tibi. Victoribus ipsis dedecus ...«. *Rv* stellt
diese Betrachtungen nicht an, sondern gibt nur die Charak-
teristik des Setinus; bei *F* fehlt auch diese.

h) Vers 2786 heisst es vom Tage der Ankunft in Aegypten:
»Ce fu ou mois de Setembre ... en cellu jorn ... qe cristiaine
jeste A sant Mateü font la vigile o la feste«, während *Rv*
schreibt: »Ce fu droit ou mois de septembre, la veille ou le
jor qe nos crestiens faisons la feiste saint Luc li evangelistes«;
dies wäre aber am 18. Oktober, während Nicolas' Angabe den
21. September meint, denselben Tag, welchen Luc. VIII. 467-9
bezeichnet: »Tempus erat, quo libra pares examinat horas Non
una plus aeqa die, noctique rependit Lux minor hibernae verni
solatia damni«.

8] Von den besprochenen Punkten schliessen die drei
ersten wegen der vollkommenen Uebereinstimmung von *F* mit
Rv und wegen des dabei ganz ungestörten Zusammenhangs die
Annahme, dass an den betreffenden Stellen *Rv* den im Original
R vorhandenen Text mit wesentlichen Lücken gebe, fast ganz
aus; auch bei dem vierten ist dies wegen des dortigen Zusam-
menhangs, bei dem fünften wegen der nur in Kürzung be-
stehenden Abweichung *F*'s von *Rv* sehr unwahrscheinlich; bei
e) und f) muss die Möglichkeit, dass sie in *Rn* noch gestanden
haben, während sie in *Rv* ausgefallen sind, zugegeben werden,
trotzdem das gerade hier sehr lückenhafte *F* keinen der bei
Rv vergessenen Gedanken zum Ausdruck bringt. Der letzte
Punkt schliesslich spricht auch noch zu Gunsten einer Entleh-
nung von Lucan.

Ich komme daher zu dem Schluss, dass Nicolas neben
seiner Hauptquelle *Rn* auch Lucan zum Vergleich herangezogen
und zur Ergänzung oder auch Berichtigung des in *Rn* gebotenen
Stoffes benutzt hat. Eine endgültige Bestätigung oder Wider-
legung dieser Ansicht wird nach dem Erscheinen der von
P. Meyer versprochenen, die sämmtlichen Handschriften des
Romans berücksichtigenden Ausgabe desselben leicht zu bewerk-
stelligen sein.

9] Was nun die Behandlung des gegebenen
Stoffes durch den Dichter betrifft, so zeigt die eben
erörterte Benutzung Lucans schon deutlich, dass Nicolas nicht
etwa die Prosa des Romans nur einfach in Reime gefasst,

sondern dass er sein Material vielmehr mit einiger Kritik verwendet hat. Dies zeigt sich auch anderwärts, wo er im Text selbst liegende Widersprüche beseitigt, das ihm selbst Unklare fortlässt, das für den Hörer wenig oder gar nicht Verständliche — und solches ist zumal in Folge davon stellenweise vorhanden, dass seinem Hörer im Gegensatz zu einem Leser des Romans die in jenem geschilderten Ereignisse vor der Schlacht bei Pharsalus mehr oder weniger unbekannt sein müssen — durch Zusätze und Erweiterungen ergänzt und erläutert. Solche Rücksichtnahme auf den Hörer zeigen auch solche Stellen, an welchen er seine Darstellung anschaulicher gestaltet und um der grösseren Anschaulichkeit willen die Ereignisse übersichtlicher, der Natur der Dinge entsprechender gruppiert. Aus demselben Grunde verzichtet er zuweilen auf die Mitteilung von ferner liegenden Dingen, welche R hie und da bietet. Doch geht sein Streben nach Deutlichkeit insofern vielleicht zu weit, als er sich öfter wiederholt, zumal aber am Anfang einer jeden Tirade das in der vorhergehenden Vorgetragene oder wenigstens den Schluss derselben recapituliert, eine Gewohnheit, von welcher er selbst in der lebhaftesten Schilderung nicht abweicht und welche durch die Allgemeinheit dieses Brauches bei den Dichtern der chansons de geste entschuldigt wird. Das stellenweise zu unnötiger Breite verführende Streben nach Deutlichkeit sowie nach Vollständigkeit und Genauigkeit verleiht dem Gedicht den Charakter einer gewissenhaft abgefassten Chronik. Indessen weiss Nicolas derselben durch häufigere Einschaltung von Rede und Gegenrede stellenweise ein lebendigeres Gepräge zu geben, als es bei R vorhanden ist; auch fügt er, seinem Vorbilde folgend, zuweilen aus dem Schatz seines ziemlich reichen Wissens geschöpfte Angaben ein, welche lediglich zur Ausschmückung dienen. Ich erwähne von solchen nur die Nennung von Olimpias in Verbindung mit Nectanebus (109), diejenige des von Alexander dem Grossen befragten Baumorakels (175-8), den Hinweis auf den von Porus getödteten Bucifas (1383-4), welche die Bekanntschaft Nicolas' mit der Alexandersage beweisen. Auch andere Vergleiche, wie er sie z. B. 2250-4 und 2317-20 anstellt, zeugen von seiner Belesenheit, sowohl was die Kenntnis des Stoffes als was die Art der Darstellung betrifft. Die in den Chansons de geste konventionell gewordenen Redewendungen und Ausdrucksweisen sind ihm geläufig; es sind im Besonderen genau dieselben, welche auch die »Prise de Pampelune« aufweist. Dass die Auffassung der Dinge und demgemäss die Darstellung derselben ein der mittelalterlichen Denkweise entsprechendes Gepräge trägt, bedarf kaum besonderer Erwähnung. — Bei aller Anerkennung, welche

XV

Nicolas' Kritik in der Behandlung und Darbietung des Stoffes verdient, darf indessen nicht verschwiegen werden, dass der Dichter gegen Ende allmählich erlahmt, was aus der immer enger werdenden, oft wörtlichen Anlehnung an R und einem zunehmenden Mangel eigner Gedanken hervorgeht. So erscheint zumal der Schluss des Gedichtes etwas übereilt, sodass die Vermutung nahe liegt, der wahre Schluss sei uns nicht überliefert worden. Andrerseits aber macht die eben erwähnte, gegen Ende zunehmende Unselbständigkeit des Dichters es sehr wahrscheinlich, dass er sich zu einem zusammenfassenden und darum von R abweichenden, also selbständige Thätigkeit erfordernden Abschluss nicht mehr habe aufraffen mögen*).

---

*) Um den Unterschied in der Gestaltung des Stoffes durch Nicolas im Anfang und am Ende der Dichtung zu veranschaulichen, citiere ich Rv, soweit es den Versen 295-329 und 3042-82 der »Pharsale« entspricht.

295-329 wird das Ende der Beschwörungsscene erzählt, welche bei R auf den Zeitraum von Mitternacht bis zum Morgen beschränkt ist, bei Nicolas aber von Mitternacht an sich auf 30 Stunden ausdehnt: Sextus macht sich nämlich auf (145) ‚droit en la mie nuit‘; er und die Seinen ‚troverent Heriton qand le solaus leva‘ (150). Zum Zweck der Beschwörung verdunkelt Erichtho die Luft (193-94) ‚cum fust nuit por dormir‘. Als die Beschwörung zu Ende ist, bricht die Nacht herein, Erichtho erfüllt ihr dem Geist gegebenes Versprechen (300) und verbrennt den Leichnam. Bis dies geschehen ist, ist Mitternacht vorüber (304-5) und vor Tagesanbruch kehrt Sextus heim. — Der Schluss der Scene, welcher 295-329 entspricht, lautet bei Rv: Qant l'ame ot ainsi parlé dedens le cors e tout dit ce q'ele devoit dire, ele ot grant talant d'isir e de leisier le cors ou ele estoit entree. Mes ele ne pot sans les charmes e sans l'aide Heriectoc. Lors fist la sorciere un grant feu, li cors vint au feu e entra ens. Qant li feus fu bien conjurés, Heriectoc i ot mis herbes e fet ces enchatemens. Heriectoc le lasa ou feu. Iluec devint la charoigne cendre, l'ame s'en ala da dom ele estoit venne. Sescus s'en retorna aus tentes son pere. Heriectoc le convoia, car la nuis fu oscure. Qant Sexcus i fu, il coumenca ajorner.

Den Versen 3042-82 entspricht: En ceste maniere garda Pompee son cuer e sa pensee. Ce pooir ot il d'estre sires de son cuer. Mes Cornille qi fu remese en la nef après lui, qant elle vit les espees trahier, ele ne se pot tenir, ains cria après lui: »Hali, miens sires, ceste maudite, ceste escomeniee gent vos ont mort; car la demoree qe vos felates a venir a moi qerre en Mitilaine est l'achoison porqoi vos morés; car Cesar est venus dedens ceste part.« Einsi crioit la dame ne ne cuidoit pas qe Tholomes eüst pooir de son seignor ocire, se Cesar n'i fust. — »Biaus sire, lesiés me vos por ce ariere en ceste nef qe vos morisiés sans moi? Plus estoie je digne de morir qe vos e acoison estoie je de vostre mort, car je vos jeti (?) en tous perils e par terre e par mer ou vos felssiés maintes choses se por moi ne fust. Je n'avoie pas deservi qe je vesqise après vos ne qe vos me deüsiés guerpir qi par tout vos avoie sivi. Je morrai. Ja voir, seignor maronier, ou vos metrés une corde ou col e m'estranglés, ou aucuns des compaignons mon seignor m'ostrera le chief a une espee. Molt porfera grant franchise qi m'envoiera après mon

XVI

10] **Metrisches.** Die einzelnen Tiraden der Dichtung bestehen aus Zwölfsilblern; dieselben werden 359-483 in vier Tiraden und 923-953 in einer Tirade durch Zehnsilber unterbrochen. Enjambement begegnet oft. In der Silbenzählung weist das Gedicht einige Besonderheiten auf: 1) Die unbetonte Verbalendung ‚ent‘ wird, wie hier und da auch sonst am Versende sowie in der Cäsur mitgezählt; nur 459, 605, 802, 1939, 3074 ist sie überschüssig; vgl. Prise 4616 u. 5461. — 2. Auch sonst liegt in einer Reihe von Fällen epische Cäsur vor, so in ‚pluvie‘ (98, 2063, 2760), ‚propie‘ (456), ‚istorie‘ (45), ‚victories‘ (445,520) und in den Eigennamen ‚Domicie‘ (1556, 1559), ‚Libie‘ (651, 2206 etc.), ‚Capedocie‘ (1023), ‚Panfilie‘ (2569). In einer allerdings auffälligen Form scheint sie sich auch in folgenden zu finden: ‚carmens‘ (298), ‚Brutus‘ (353, 1834, 2998), ‚Decius‘ (853), ‚Domiciu‘ (1187), ‚Sextus‘ (1322), ‚Crassus‘ (2296), ‚Silla‘ (2627), ‚Menfis‘ (2798), ev. auch 1259 u. 1299 in ‚detrenza‘ und ‚trenza‘, wo alsdann die im Hinblick auf 1321 u. 1326 gemachten Konjekturen überflüssig sein würden; schliesslich auch in dem in 29 Fällen (66, 288, 427, 797, 800, 909, 1025 etc.) in der Cäsur einsilbig gebrauchten Worte ‚Cesar‘. Ob bei ‚Cesar‘ in der That epische Cäsur vorliegt oder der Dichter nicht vielmehr wie in ‚stu‘ = ‚se tu‘ (1039, 2728, 2882, 3028, 3029, 3031) Synkope des ‚e‘ angenommen hat, wage ich nicht zu entscheiden, trotzdem ausserhalb der Cäsur ‚Cesar‘ stets zweisilbig ist; es findet sich dies Wort nämlich auch in der Cäsur oft (836, 1183, 1288, 1306, 1505, 1715, 1851, 1856 etc.) zweisilbig, also mit dem Ton auf der letzten Silbe. — Was ferner die Fälle ‚carmens‘ ff. angeht, so ist es nicht unwahrscheinlich, dass diese von einem des Lateinischen kundigen Abschreiber herrühren, welcher den von Nicolas aus Rücksichten auf das Metrum veränderten Wortformen ihre lateinische Form wiedergegeben hat. Solch' veränderte Formen der Eigennamen, die, wie das Metrum oft beweist, vom Dichter selbst herrühren, finden sich in und ausserhalb der Cäsur: Ich nenne ‚Domice‘ (1190, 1210, 1716 u. ö.) und ‚Domicie‘ (1556, 1559) neben ,Domicius‘ u. ‚Domicion‘,

---

seignor qe sera.« Ce disoit ele a ceus qi la tenoient. »Si ne m'i lairois pas morir. Pompee i estes vos encore vif e il ne me loist mie a fere ma volenté! Pert-je seignorie de dame tant com mes sires ait point de vie el cors? Il ne me lesent pas morir ains me velent estiver a Cesar por avoir greignor torment.« A cest mot cheï pasmee entre leur mains e li marinier tornerent leur voiles si se mistrent a la fuie. De ce leur avint bien qe li vens leur fu couvenables a fouir qi leur avoit esté contraires a l'ariver.
    Diese Stellen lassen zugleich erkennen, wie nachlässig der Schreiber von *Bv* abgeschrieben hat.

XVII

‚Corneile' (2448, 3084) neben ‚Cornelie', ‚Luce' (1186), welches wohl = ‚Lucius', und ähnlich in der »Prise« (4978) ‚Sanses' statt ‚Sanson'; ferner ‚Cornelian' (2253, 2750), ‚Dirotaile' (2533, 2547) statt ‚Dirotalius' (2500), und oft ‚Cesaron' statt ‚Cesar'; statt ‚Antonius' heisst es stets ‚Antoine', einmal (1208) ‚Antonie'.

11] Stärkere Abweichungen von den üblichen Formen haben auch hier wie in der »Prise« die im Reim stehenden Worte aufzuweisen. Die meisten Reime sind zwar rein; eine beträchtliche Anzahl aber sind im Grunde nur Assonanzen, welche durch veränderte Schreibung wenigstens für das Auge zu Reimen gemacht werden. In der Regel bleibt der Tonvokal dabei unberührt. Die Veränderungen bestehen meist im Anfügen eines oder mehrerer Consonanten oder Vokale, welche oft an die Stelle anderer Buchstaben treten, ohne den Tonvokal zu beeinträchtigen; so, um nur einige Beispiele herauszugreifen: ‚merciu' (2116) = ‚mercie', ‚foloi' (419. 2860) = ‚folor' (459), ‚gaus' (621) = ‚gais' (680) = ‚gas' (1363), ‚civas' (1391) = ‚cival' (1134), ‚vous' (187) = ‚vois' (‚vocem', 562. 610 im Versinnern), ‚oriaus' (2675) = ‚oriant', ‚tretus' (487. 1817) = ‚tretuit' (363), ‚aubers' (1424) = ‚auberge', ‚pon' (283) = ‚pons' (696) = ‚pont' (908), ‚coneïs' (1830) = ‚conuit', floté (3135) = ‚floter', ‚sacé' (778. 3164) = ‚saces' (Imper. 2. Pl.), ‚aport' (1594), während die 3. Sg. Ind. der 1. Conj. sonst stets ‚e' hat, ‚traïne' (2091) = ‚traïn' (1969...), ‚cevetan' (63. 2140) = ‚cevetaine' (638) = ‚celagne' (812). Man sieht bei einer Vergleichung dieser Formen mit den übrigen je in derselben Tirade befindlichen, dass es dem Dichter auf Gleichheit der äusseren Form ankommt. Es stehen ihnen aber ferner eine beträchtliche Anzahl anderer Erscheinungen zur Seite, welche sich durch die in der Lautlehre (S. XXII ff.) näher besprochenen Schwankungen in der Schreibung mehrerer Lautgruppen erklären und dadurch gerechtfertigt erscheinen, wie z. B. dass Worte auf ‚ais' in Tiraden auf ‚as', solche auf ‚ois' oder ‚ais' in Tiraden auf ‚eis' und umgekehrt mit entsprechend veränderter Schreibung verwendet werden. Ganz abgesehen davon, dass diese Freiheit im Reim auch auf viele Worte ausgedehnt wird, welchen sie nach dem im Versinnern üblichen Brauche nicht zukommt. so ist sie zumal insofern bedenklich, als sie den Dichter verleitet, z. B. in Tiraden auf ‚eil' (1626 ff., 2533 ff.) Worte, in welchen ‚eit' (= ‚oit') auf lat. ‚obat' zurückweist, mit solchen, in welchen ‚eit' (= ‚ait') auf ‚a' + roman. ‚i' zurückweist (factum, placet, vadit) zu vereinigen; Gleiches gilt von der Tirade auf ‚eis' (1604); die Tiraden auf ‚oit' (151. 2442) reimen ‚oit' (= ‚habuit'), ‚ploit' (= ‚placuit'), ‚poit' (= ‚potuit') mit ‚oit' (= ‚obat'); diejenigen auf ‚or' (441. 1713. 2999) reimen ‚or' (= ‚oir' oder ‚eir')

XVIII

... ... (= ‚orem') ; diejenigen auf ‚ois' (1148. 1930) Verbal-
... auf ‚ois' (= ‚eis' = ‚es', lat. ‚atis') mit Formen, wo lat.
... oder ‚au' zu Grunde liegt. So werden also Worte in einer
Tirade vereinigt, bei welchen Gleichklang des im Reim stehen-
den Tonvokals wohl schwerlich vorhanden ist. Es geht daraus
hervor, dass Nicolas den Reim nur für das Auge, nicht für das
Ohr herstellt. Stärker als in den besprochenen Fällen, in denen
die Abweichung vom üblichen Gebrauch nicht den Tonvokal
... trafi, wird die Differenz, wenn die Veränderung auf den Ton-
vokal ausgedehnt wird. Die hierher gehörigen Fälle sind in-
dessen nicht zahlreich: ‚fois' (= ‚vicem' 1150. 1941) oder ‚foi'
(2827) findet sich 675 als ‚fais' und 1364 und 2572 in der Form
‚fas'; ‚parel' (1401) — ‚aparil' (571); ‚desreu' (2818), auch
‚desroi' (420. 2851) — ‚desriu' (2132); ‚jeu' (2819) — ‚giu' (2121);
‚diu' (2125), sonst ‚deu' (5. 44. 120); ‚enter' (133), auch ‚entier'
(197) — ‚entir' (198. 3112); ‚vermoi' (2826) — ‚vermil' (575).
Wenn schliesslich mehrere sonst auf ‚er' endigende Infinitive
der 1. Conj. in Tiraden auf ‚ir' erscheinen: ‚oscurir' (193), ‚oblir'
(1272), ‚coupir' (2008), ‚spoentir' (2015), und wenn ‚is' (2. Sg.
Praes. von ‚estre' 2351), ‚eu' (2813 = ‚ego'), ‚mi' (Pron. pers.
3049), ‚moie' (Pron. poss. 1336), ‚cist' (Pron. dem. neutr. 307)
neben den sonst allein üblichen Formen ‚eis', ‚je', ‚moi', ‚ma',
‚ce', sowie ‚terraine' (657) neben ‚terine' (1580. 2108), ‚terran'
(53) neben ‚terin' (1039. 1978. 2893) vorkommen, so darf man
zweifeln, ob man es in allen diesen Fällen mit Veränderungen
des Tonvokals oder nicht vielmehr mit Nebenformen zu thun
hat. Dass dem in einer anderen als in seiner Muttersprache
dichtenden Nicolas solche mit unterlaufen, ist nicht befremdlich.
Und weingleich sich für die Herleitung mancher von ihnen
eine Erklärung schwer geben lässt, so zeigt doch zumal ein
Blick auf die auch im Versinnern hier und da vorhandenen
auffälligen Verbalformen (Abschn. 28), dass sie ihr Vorkommen
ausser den Anforderungen des Reimes auch des Dichters eigner
Unsicherheit verdanken. Ich zähle einige auf: ‚engluit' (366)
3. Sg. Praes. — ‚englouter'; ‚seduans' (1786) — ‚seduire'; ‚apren-
dus' (1818) Particip; ‚souzmetu' (2176) Particip; ‚perdisoit' (169),
‚venquisoit' (170), ‚covrisoit' (1846): ‚profers' (1419 = ‚fiert');
‚mespers' (1420. 3. Sg. Praes. ‚mesperdre'?); ‚sofers', ‚descovers',
‚ofers' (1430, 31 u. 3. = 3. Sg. Praes.?); ‚falla' (1927) statt ‚failli';
‚falée' (1701) st. ‚falie'; ‚enpalue' (982. 3. Sg. Praes.) neben ‚palor'
(Pass. déf. 81. 3078); ferner die auf Accentverschiebung be-
ruhenden: ‚nobil' (567), ‚majéste' (1116. 2791). — So liegt
eine beträchtliche Anzahl von Worten in Formen vor, welche
eine unzweifelhafte Deutung schwer, wenn nicht unmöglich
machen. — Schliesslich ist noch eine grosse Anzahl von un-

französischen Formen zu erwähnen, welche zwar öfter auch im Versinnern, vornemlich aber im Reim begegnen. Es sind die dem Italienischen direkt entlehnten und die ihm nachgebildeten. Der Reichtum seiner Muttersprache an Bildungssuffixen hat nämlich den Dichter veranlasst, zu einer beträchtlichen Anzahl von Wortstämmen oder schon fertigen Worten Formen zu bilden, von denen er zwar den guten Glauben gehabt haben mag, dass sie französisch seien, die sich aber als solche nicht nachweisen lassen. Hierher gehören viele Substantiva in den Tiraden auf ‚ance‘ (18), ‚ace‘ (232. 1237. 2597), ‚aille‘ (891), ‚úe‘ (971), ‚ison‘ oder ‚eixon‘ (692. 260), ‚or‘ (441. 1713. 2999), ‚ors‘ (1283), Adjektiva auf ‚ine‘ (1564), ‚ous‘ (174. 2861), Verbalformen auf ‚ine‘ (1564), ‚aine‘ (627. 2211). Die betreffenden Tiraden weisen meist selbst einige Reimworte auf, welche dem Italienischen entnommen sind und zu den übrigen Bildungen, zu welchen das Französische die Wortstämme lieh, veranlasst haben mögen; ich zähle einige auf: ‚descordance‘ (38) — ‚discordanza‘, ‚costumanze‘ (2436) — ‚costumanza‘, ‚desendance‘ (2437) — ‚discendenza‘, ‚falace‘ (1241) — ‚fallacia‘, ‚ferue‘ (991) — ‚feruta‘ (?), ‚doteison‘ (731. 2942) — ‚dubitazione‘, ‚seguior‘ (3030) — ‚seguitatore‘ (?); ‚porprine· (1564) — ‚porprino‘, ‚sclavine· (1569) — ‚schiavina‘, ‚respous‘ (180) — ‚risposo‘, ‚ous‘ (2862) — ‚oso‘, ‚ruine‘ (1565) — ‚rovinare‘, ‚sanguine‘ (1570) — ‚sanguinare‘, ‚displaine‘ (640) — ‚dispianare·, ‚lontaine‘ (2215) — ‚lontanare·. — Endlich darf nicht unerwähnt bleiben, dass in vereinzelten Fällen selbst die Syntax dem Reim Concessionen machen muss: so erscheint 530 und 849 das Adverb in der Funktion des Adjektivs; 1442 wird in einem Satzgefüge, in welchem in einem andern Verse (905) zwei Conjunctive einander coordiniert sind, der eine durch den Indicativ ersetzt.

Es ergiebt sich aus dem Gesagten, dass die dem Dichter zu Gebote stehenden Mittel, sich die nötigen Reimworte zu verschaffen, ziemlich ausgiebige und teilweise von Willkür nicht ganz frei waren. Es werden sich daher, abgesehen von denjenigen Fällen, wo die anderwärts im Text vorkommenden Formen mit den im Reim stehenden übereinstimmen, aus den Reimworten schwerlich Schlüsse für die Formenlehre ziehen lassen.

12] Am häufigsten hilft sich Nicolas, um die gewünschte Silbenzahl herzustellen, durch Vereinigung zweier Vokale zu einer Silbe, sei es im Wortinnern oder am Wortende und -anfang. Dieselbe findet sich zumal bei tonlosem ‚e‘ mit voraufgehendem Vokal, z. B. 68, 487, 588, 773, 1004 etc.; doch ist dies nicht die Regel, da die Vereinigung öfter unterbleibt, so 90, 107, 305, 805, 806, 869, 988, 1008 etc. Vereinigungen anderer Vokale im Inlaut sind nicht selten: ‚feïsse‘ (183,) ‚voüst‘ (192), ‚eüses‘ (541 und 717), ‚maleürant· (553), ‚poïsse,

(583), ‚piĕte‘ (912), ‚gaagneres‘ (2283), ‚reampli‘ (3054) etc. Die Vereinigung eines Endvokals mit dem Anfangsvokal des folgenden Wortes ist zumal bei ‚e‘ und ‚i‘ vor ‚a‘ oder ‚e‘ häufig, weniger bei ‚e‘ und ‚i‘ vor ‚i‘ und ‚o‘, sowie ‚a‘ vor ‚u‘, ‚u‘ vor ‚a‘ und ‚e‘, andere sind selten. Freilich ist vorangehendes ‚e‘ nur 690 u. 2882 betont, nachfolgendes dagegen öfter, z. B. 55, 94, 197, 776, 1011. Von den übrigen Verbindungen registriere ich je ein Beispiel: 2670. 1067. 283. 2723 — 19.575. 112. 109. 049 — 140. 567. 1669. 1645. 1276 — 1639 — 965. 916. 1907. — Ein das zweite Wort beginnendes ‚h‘ ist ohne Einfluss, 23. 103. 297. 1707*). Ich glaube indessen aus dieser Erscheinung auf ein Bestreben der Hiatustilgung nicht schliessen zu können, denn es darf nicht übersehen werden, dass trotzdem der Hiatus noch sehr oft vorkommt, und zwar um so öfter, als Nicolas Elision eines dumpfen ‚e‘ in denjenigen Fällen, wo sie im Altfranzösischen fakultativ ist, nicht immer eintreten lässt. So begegnet Hiatus nach dem Relativum ‚que‘ 157, 227, 320, 443, 445 etc., Conjunktion ‚que‘ 15, 85, 309, 355, 470 etc., ‚se‘ 785, ‚je‘ 167, 312 etc., ‚ce‘ 274, 558 etc., ‚le‘ 166, ‚me‘ 3067, ‚de‘ 79, 687 etc., ‚ne‘ 116, 929 etc.

13| Von den Freiheiten der Synkope, Epenthese u. a. macht Nicolas den im Altfranzösischen üblichen Gebrauch, welchen er indessen noch erweitert. Besonders auffällig ist hier die S. XVI schon erwähnte Zusammenziehung von ‚se‘ und ‚tu‘ zu ‚stu‘ (vgl. dagegen 3033). Von anderen Beispielen nenne ich nur ‚termne‘ (2271), ‚evangliste‘ (2550); ferner ‚adevenist‘ (310), ‚rasanable‘ (1557), ‚soferans‘ (379); ‚nil‘ = ‚ni le‘ (1874, 1258), ‚sil‘ = ‚si le‘ (1358), ‚qil‘ = ‚qi le‘ (1358, 1630), ‚qel‘ = ‚qe le‘ (3163), vgl. S. 80, Anm. 1210; ‚sin‘ = ‚si en‘ (2408 u. ev. 2380); ‚naura‘ (1188) vielleicht = ‚en aura‘.

Eine weitere, und zwar sehr ausgedehnte Freiheit besitzt Nicolas darin, dass er prothetisches ‚e‘ nach Belieben bald setzt bald weglässt. Es begegnet eine Anzahl von Worten, welche beide Schreibungen zeigen: ‚scril‘, ‚scrist‘, ‚scriture‘ (1988, 304, 2240) — ‚escrit‘, ‚escritors‘ (46, 958, 1948); ‚spargner‘, ‚sparagner‘ (1044, 3146) — ‚espargner‘, ‚esparagner‘ (785, 791); ‚scuer‘,

*) An mehreren Stellen scheint dieser Brauch, wenigstens für das Auge, auch auf ‚j‘, welches die Handschrift ‚i‘ schreibt, ausgedehnt worden zu sein; so V. 2. 760. 1355 2656, wo man ‚qe ie‘ resp. ‚qe ia‘, ‚ne ia‘, zu einer Silbe zusammenziehen müsste; hierfür scheinen auch die Schreibungen ‚suie‘ (522) = ‚sui je‘, ‚aie‘ (2871) = ‚ai je‘ zu sprechen, wohingegen die Auslassung von ‚je‘ in »il m'est avis qe voie« (2620) nicht ins Gewicht fallen kann. Auch hat die Annahme, dass der Abschreiber etwas eingeschaltet haben sollte, wenig für sich. Ich ersetze deshalb hier ‚i‘ nicht wie sonst durch ‚j‘.

,schu' (2180, 1090) — ,escu' (1240) u. a. Dabei ist die Anwendung des ,e' nicht wie diejenige des entsprechenden italienischen ,i' an das Vorhergehen gewisser Worte mit consonantischem Schluss gebunden, sondern scheint lediglich durch die Anforderungen des Metrums bedingt zu sein. Dieselbe Freiheit findet sich auch bei Worten, wo ,e' auf lat. ,ex' zurückweist: ,strançe' (20 u. öfter) — ,estrançe' (356 u. ö.); ,spandre' ,spandus' (2799, 498) — ,espandre' (975, 1500); ,scamper' (1042) — ,escamper' (1704). Da der Mehrzahl dieser Worte italienische Formen mit consonantischem Anfang entsprechen (,scrivere', ,sparagnare', ,scudo', ,stranio', ,spandre', ,scampare'), so vermute ich, dass, wie oft bei Nicolas, so auch hier die Formen seiner Muttersprache von Einfluss gewesen sind, und zwar um so mehr, als auch mit anderm Vokale als ,e' beginnende Worte der italienischen Form entsprechend Aphäresis zeigen: ,sclavons' (736) it. ,schiavo'; ,spalle' (792, 1599) — ,spalla'; ,sponde' (2226) — ,sponda'; ,stoille' (2461) — ,stella'; ,speroner' (1192, 1205..) — ,speronare'; ,ste' (871, 2980, neben 5maligem ,esté') — ,stàto'; ,nemi' (1621, 1653 neben ,enemi' 1411) — ,nemico'; ,vesqe' (2551) — ,vescovo'; ,rondelle' (2587) — ,rondinella'; ,venture' (1021, 1704) — ,ventura'; ,laine' (637, 1701, 1723, 2737) — ,lena'; ,scurir' (300, 2006. 2248 neben ,oscure' 310, ,oscurance' 951 und ,oscuror' 1739) — ,scurare'. — Schliesslich bemerke ich hinsichtlich der Anzahl der einen vokalischen und der einen consonantischen Anfang zeigenden Fälle, dass die ersteren den letzteren nahezu gleich sind. Ich habe mich daher nicht veranlasst gesehen, in den zahlreichen Fällen, wo, wie Vers 12, 41, 74, 77 etc. die Handschrift über die Zugehörigkeit eines ,e' zum vorhergehenden oder zum folgenden Worte in Zweifel lässt, dasselbe zum vorhergehenden zu ziehen.

14] Grammatisches. Da die in den Reim tretenden Worte mannigfachen Veränderungen, welche in einigen Fällen sogar den Tonvokal betreffen, in anderen denselben nicht zweifellos erkennen lassen, unterworfen worden sind, habe ich sie bei der Betrachtung der grammatischen Eigentümlichkeiten unseres Textes ausser Acht gelassen, wenigstens soweit dabei die letzten Silben in Betracht kommen würden. Es wird sich aus demselben Grunde auch schwer ein Anhalt für die Beurteilung des Lautwertes der im Text üblichen Schreibungen gewinnen lassen, zumal da der Text für ein und denselben Laut in demselben Worte oft zwei, drei, auch vier verschiedene Schreibungen aufweist. Viele von diesen Schwankungen sind nur als graphische Differenzen zu betrachten und zum Teil dem Abschreiber zur Last zu legen, viele mögen auch auf einer Unsicherheit des Dichters selbst beruhen, was durch die Beschaffenheit der Reime bestätigt zu werden scheint, da Nicolas sonst schwerlich z. B. ‚eis' = ‚ois' mit ‚eis' = ‚ais' in einer Tirade vereinigt haben würde. Dass Nicolas von sich sagt (1946-7), er schriebe in ‚buen françois' und dass Jedermann in Paris und in Valois seine Sprache für solches erklären würde, ist kein Beweis dafür, dass er das Centralfranzösische jemals gehört oder gesprochen hat. Dagegen besass er eine grosse Belesenheit, welche er nicht nur aus einem einzigen Werke geschöpft haben kann. Es ist also wahrscheinlich, dass ihm das Französische unter graphisch, vielleicht auch dialektisch verschiedenen Formen vor die Augen gekommen ist. Die Schwankungen seiner Orthographie werden also ihren Grund zum Teil in der Verschiedenheit der Orthographie und der Sprache der ihm bekannten französischen Texte haben, aus welchen er sein Wissen schöpfte. Ich registriere die Eigentümlichkeiten unseres Textes daher nicht als Abweichungen von einem bestimmten französischen Dialekt, welche durch Nicolas' Dialekt hervorgerufen worden wären, sondern zähle sie als Abweichungen vom Französischen im Allgemeinen auf.

15] Lautliches: frz. ‚ui' (verschiedenen Ursprungs) oft ersetzt durch ‚u': ‚condur' (645..), ‚condurai' (309, 835), ‚condut' (1595) — ‚conduit' (1966), ‚lu' nicht selten neben ‚lui', ‚celu' und ‚cestu' öfter als ‚celui', ‚cestui'; auch in unbetonter Silbe: ‚pusance' (39 u. ö.) — ‚puisanze' (935), ‚fuson' (273) — ‚fuison' (2190), ‚lusoit'(596) — ‚luisans'(1783); umgekehrt ‚cuisin'(1022..), ‚puit' (1030, 1963) neben ‚cusin' (1019), ‚put' (2891) u. a.

Ursprüngl. ‚oi' wird oft durch ‚o' ersetzt: ‚conostre', ‚conotre' (1535, 3025, 3156), ‚angosce' (1714); ‚pont' (29, 283 u. ö.), ebenso secundäres ‚oi': ‚foble' (71, 143, 365 u. ö.).

Frz. ‚ou' (= lat. ‚ō', ‚ū') oft ersetzt durch ‚o' oder promiscue mit ‚o' gebraucht: ‚honour', öfter ‚honor', ‚greignour' — ‚greignor', ‚segnour' sehr selten neben ‚segnor', ‚desdegnos', ‚dexiros' — ‚tenebrous', ‚merveilous'; ‚nous', ‚vous', ‚lour', seltener ‚nos', ‚vos', ‚lor'; ‚celor', ‚cestor' häufiger als ‚celour', ‚cestour'; ‚tot' (87mal) neben ‚tout' (58mal); ‚pour' — ‚por'; auch in unbetonter Silbe: ‚doutance' — ‚dotanee'. doch ist es hier selten; umgekehrt ‚trou' (32 = ‚trop'), ‚paroule' (392 u. ö.), ‚lous' (88, 518 = ‚laudem'), ‚ouses' (449, 565, 2849), ‚ousoit' (116), ‚ousa' (2504, 2900); vielleicht gehören hierher auch ‚zouse' und ‚oucir'*).

---

*) Die Frage, ob ‚zouse' oder ‚zonse', ‚oucir' oder ‚oncir' zu schreiben ist — die Handschrift gestattet nämlich bald die eine, bald die andere Lesung — muss ich offen lassen. Für das Erstere spricht das häufige Vorkommen von ‚ou' neben ‚o' für lat. ‚au' (vgl. besonders ‚lous' und

Statt ‚o' begegnet vor ‚m' und ‚n' häufig ‚u': ‚sunt' (18mal)
— ‚sont' (23mal), ‚und' (1858) — ‚ond', ‚cum' — ‚com', ‚sun'
(1632) — ‚son', ‚volunter', ‚volunté', ‚mundaine'; ferner stets
‚plurer'; umgekehrt ‚omblement' (875).

Dieses mehrseitige, dem Schreiber vermutlich unverständliche Schwanken zwischen ‚ou' und ‚o' einerseits, ‚o' und ‚u' andrerseits, mag es verschuldet haben, wenn sich vereinzelt ‚pur' (560), ‚lur' (1895) neben ‚pour', ‚lour' findet. Aus demselben Grunde schwankt auch die Bezeichnung für vokalisiertes ‚l' (Artikel oder Pron. pers. conj.), welches in unserm Text sonst meist als ‚o' erscheint, zwischen ‚ou', ‚o' und ‚u': ‚dou' (= ‚de le'), ‚do' (1672), ‚du' (1668); ‚ao', ‚au', ‚aou' (1244); ‚dao', ‚daou' (1780), ‚dau' (3015); ausserdem findet es sich 15mal als ‚o', je einmal (2819, 3156) als ‚ou' und als ‚u' suffigiert (vgl. Artikel, Abschn. 23 und Pron. pers., Aschn. 25).

Einigen Worten, in welchen ‚ue' auf lat. ŏ' in freier Silbe zurückgeht, stehen auffallende Formen mit ‚o' zur Seite: ‚cuer' (3077) — ‚cor' (3045), ‚muere' (512 v. ‚morir') — ‚moire' (1659). Ebenso ‚orgueil' (2096) — ‚orgoil' (2510), auch ‚orguel'. Neben ‚poy' (1757 = ‚paucum') öfter ‚pue', auch ‚puy' (209); das letztere ist vielleicht nur eine graphische Abweichung, wie wahrscheinlich auch bei ‚doel' (1255) — ‚duel', ‚moilier' — ‚muiler', ‚foison' — ‚fuison', ‚coisin' (1768) — ‚cuisin', ‚pois' (907) — ‚puis' (3157), auch ‚pues' (938, 2858, 3156).

Frz. ‚ei' (= lat. ‚ē', ‚ī') wechselt mit ‚oi': ‚deit' (= ‚debet', 3mal) — ‚doit' (23mal), ‚veit' (‚videt', 4mal) — ‚voit' (25mal), ‚dreit' — ‚droit', ‚merveiler' — ‚mervoilles', auch unbetont ‚veisin' — ‚voisin'. Dies hat zur Folge, dass neben fünfmaligem ‚seil' (‚sapit') einmal ‚soit' (757) erscheint, ferner ‚poine' (2164 = ‚peine'), ‚leixir' (‚loisir'), ‚proier' (‚prier'). Statt beider erscheint zuweilen ‚i': ‚consil', ‚consiler', ‚paril' (1762), ‚aparillé' (766) und wohl unter italienischem Einfluss ‚riame' (stets so, = ‚royaume'), ‚viage' (3082), ‚niant' (2827, sonst ‚noiant').

Frz. ‚ai' (= lat. ‚a' + lat. ‚i' oder roman. ‚i', oder = lat. ‚a' vor ‚m' oder ‚n') ist oft durch ‚a' ersetzt: ‚lasse' (582 v. ‚laisser'), ‚laser' häufig neben ‚laiser', ‚base' (2258, 1558 = ‚baisse'), ‚maovase' (2280) neben ‚maovaise'. ‚man' (1605, 1744 = ‚manus') — ‚main' (866), ‚sans' (350 = ‚sanus'), ‚fam' (527, 530, 533 = ‚fames'), ‚romans' (2mal) — ‚romains' (8mal), ‚soveran' (120) — ‚soverain' (684) — ‚soprain' (3034), ‚certan' (522, 1646) — ‚certain' (576), ‚sant' (2788) — saint (2550, 2553), ‚clame' (2467, 2500),

---

‚onser'), für das Zweite die auch auderweit in unserm Text sowie in anderen franco-italienischen Dichtungen vorkommende unorganische Nasalirung (vgl. Abschn. 17).

… (1114. 1224. 2090… = ‚amat') u. a. Ebenso
… ‚mannez' (44. 420 …), ‚mantinant' (241.
… — Umgekehrt erscheint ‚ai' statt
… ‚brais' (= ‚bras') häufig, ‚drais'
… (2146 = ‚passus', 2287 Negation),
‚remanaint' (1633), ‚daingn' (1075
etc.) statt ‚digne', sowie in folgenden
…: ‚ais' (20mal) ‚as' (4mal), ‚aurais'
‚serais' (2mal = ‚seras'): ‚vais' (6mal
‚vrais' (2715, 2860), ‚verais' (1710), ‚metrais'
‚saurais' (-028); die Parf. ‚comencais'
(...) neben fünfmaligem Parfait auf ‚as'.
… mit ‚ai' steht in betonter wie in unbetonter
… nen Ursprung haben, welchen es will, bei
… oder auch ‚e' zur Seite: ‚veit' (23mal =
… (5mal), ‚feit' (31mal = ‚facit') — ‚fait' (2mal),
‚tactum') — ‚fet' (-mal), ‚feites' (228) — ‚fetes'
der Infinitiv ist immer ‚fer' geschrieben, ‚trait' (Part.
in der Ilschr. ‚trer', 4mal) — ‚treit' (9mal), ‚maoves'
‚maovais', ‚paleis' (2789) — ‚pales' (2905), ‚mais',
‚meis' (1246) oder ‚mes' (115), ‚james' häufiger, ‚romeins'
‚romens' (4mal) (vgl. ‚romains'), ‚pein' (= ‚panem'
‚vilein' (1609) — ‚vilen' (1847) u. a.; ‚ensi' (388, 791).
(22), ‚amenrai' (2471) — ‚amein' (515) und ‚mainent'
‚venquisoit' (170 u. ö.) — ‚vaincra' (168 …). Um-
‚pains' (2834 = ‚pense').
Frz. ‚e' oder ‚a' (= lat. ‚a' vor ‚l' in freier Silbe) erscheint
oder öfter ‚ie' in den häufig vorkommenden ‚tel' (34…)
‚iel' (6….), ‚quel' (1505…) — ‚quiel' (108..).
Frz. ‚e' (= lat. ‚a' in freier Silbe) vereinzelt neben ‚ie':
‚mer' (3135 = ‚mare'), sonst ‚mer', ‚bier' (3011) neben dem
in Reim stehenden ‚ber' (2498), ‚clier' (1427 = ‚clarus') –
‚cler' (616), ‚bontié' (3061), sonst ‚bonté'.
Bei den Infinitiven begegnet mit ‚ier' nur ‚avancier' (1557),
‚mancier' (1992), ‚trencier' (1584) neben ‚mancer' (2mal), ‚trencer'
(5mal); von Participien nur ‚leisié' (3056), was sich aber an-
zweifeln lässt.
Frz. ‚ie' (= lat. ‚é' oder ‚ae' in fr. S.) öfter durch ‚e' er-
setzt: ‚ben' (2883 in ‚bencorous') selten neben ‚bien', ‚fert'
(14mal) — ‚fiert' (13mal), ‚fer' — ‚fier' (‚ferus'); ‚ie' (= lat.
‚arium'); ‚detrer' weit häufiger als ‚detrier' (823), ‚mariner'
(3079, 3083) — ‚mariniers' (3066), stets ‚primer', ‚acer' (2352 =
‚acier'), ‚volonter' (729), ‚rivere' (1013 im Reim, wo ‚iere' neben
‚ere' vorkommt); auch unbetont in ‚veilars', ‚veilece' (849, 872).
Von vereinzelt dastehenden nenne ich ‚cef', seltener palatal

beeinflusstes ‚a‘ nach Bartsch'schem Gesetz ‚cief‘, ‚ren‘ seltener als ‚rien‘. Lat. ‚e‘ oder ‚i‘ vor vokalisiertem ‚l‘ wird oft durch ‚ie‘ oder ‚ia‘ ausgedrückt, selten durch ‚a‘ ersetzt: ‚soleus‘ (2456), ‚mantieus‘ (3089), ‚bieus‘ (3071), ‚oiseus‘ (2841), ‚hosteus‘ (2381), ‚eus‘ (= ‚illos‘, nicht selten) — ‚solaus‘ (150, 629), ‚mantiaus‘ (3003), ‚biaus‘ (308, 3056, 3059), ‚osiaus‘ (2054), ‚hostiaus‘ (2071 im Reim), seltener ‚aus‘ (1276) etc. Manche Worte haben nur ‚eus‘, manche nur ‚aus‘, doch ist ‚eus‘ im Allgemeinen das Ueberwiegende.

16] Frz. ‚e‘ in vortoniger Silbe (= palatal beeinflusstem lat. ‚a‘) ist durch ‚a‘ ersetzt in: ‚zamin‘ (33..) häufiger als ‚cemin‘ (2548), ‚baçaler‘ (123, 1903), ‚açarins‘ (1341), ‚azares‘ (1050) — ‚açerin‘ (3092); ferner noch in Vortonsilbe ‚trapasse‘ (2549...), ‚trabuce‘ (1093...), ‚aidaristes‘ (705), ‚contradit‘ (2596), ‚comprares‘ (1787), wohl 2. P. Plur. Fut., ‚darer‘ (1361, 1407) = ‚derriere‘, daneben aber auch ‚trepase‘ (2552); ‚a‘ findet sich aber auch da, wo es nicht mehr in Vortonsilbe steht: ‚trabucer‘ (2847, 2940), ‚sbaraterons‘ (1012), ‚alimens‘ (623, 2347 = ‚éléments‘). Umgekehrt ‚reconter‘ (1049), ‚meneçant‘ (236), ‚senetor‘ (1075), ‚mereçaus‘ (1305) und ‚ceschun‘, welches weit häufiger vorkommt als die Form mit ‚a‘.

Frz. ‚e‘ in vortoniger Silbe (= palatal beeinflusstem lat. ‚a‘) ist auch mehrfach durch ‚i‘ ersetzt: ‚cival‘, ‚civaler‘, ‚civalerie‘, ‚civalerous‘, ferner ‚e‘ (= lat. ‚i‘, ‚e‘): ‚spirit‘ (295), sonst ‚esperit‘, ‚bidaus‘ (2076 = ‚bédeau‘?), ‚divise‘ (1062). Umgekehrt aber auch das afrz. gewöhnliche ‚feni‘ (294, 351, 562) v. ‚finir‘, und das afrz. correcte ‚desipline‘ (1577). Auch betont: ‚driçe‘ (1236, 1439, 3079) neben dem seltneren ‚dresent‘ (980), wo ‚i‘ auch in unbetonter Silbe bleiben kann: ‚dricer‘ (2455), ‚driça‘ (1319, 1435); ‚balistre‘ (1237) statt ‚balestre‘. ‚in‘ statt ‚en‘ ist nicht selten: ‚in‘ (Präpos. 1780, 1994, ‚inde‘ 1922), ‚intend‘ (1721), ‚insogne‘ (1576), ‚incline‘ (1573), ‚indurer‘ (1392) u. a.

Vor Nasalen scheint ‚a‘ mit ‚e‘ gleichwertig gebraucht zu sein: ‚giant‘ — ‚gient‘, beide sehr häufig; bei den Adverbien ist ‚en‘ weit seltener als ‚an‘; ‚tamps‘ (98), sonst ‚temps‘, ‚zantis‘ (187...) — ‚çentil‘ (566...), ‚atend‘ (912), ‚intend‘ (1721), ‚estend‘ (1573), ‚dexend‘ (2197) — ‚atand‘ (983), ‚entand‘ (567...), ‚dexand‘ (2239), ‚ensemble‘ (832...) — ‚ensamble‘ (2615) u. a.

Der Auslaut ist bei folgenden Worten auffällig: ‚fortuna‘ (6091, ‚riçu‘ (1386 = ‚riche‘), welche indessen, da die Handschrift bei ihrem häufigen Vorkommen sonst immer ‚riche‘ und

‚fortune' schreibt und sie überhaupt die einzigen sind, welche eine derartige Veränderung des Auslauts zeigen, als Versehen eines italienischen Abschreibers zu betrachten sind.

17] Silbenschliessendes ‚l' vor folgendem Consonanten wird meist zu ‚o', seltener zu ‚u' vokalisirt: ‚saover' (63...), ‚maoves' (häufig), ‚daomaçe' öfter als ‚daumaçe', ‚maogré' (453...), ‚paomoiant' (1135), öfter ‚paumoier', ‚aotre' ebenso oft als ‚autre', ‚aoture' (2261), ‚eome' (häufig) u. a. So weist ‚aosi' (1622) auf ital. ‚alsi', ‚aomein' (2040) auf ‚almeno'. Ich verzeichne hier auch ‚coupe' (1126 = ‚culpa'). Ebenso findet sich ‚o' in Worten, in welchen ‚r' zu Grunde liegt: ‚maobrine' (2086, 2558, 2905), dagegen stets ‚aubres'. Umgekehrt ‚corlieus' (3092 = ‚couteau'), ‚borclé' (1195), ‚borclel' (1412) = ‚bouclé', ‚boucle'. Selten unterbleibt die Vokalisierung: ‚foldres' (2005), ‚voldroie' (1335), ‚cruelté' (784) neben ‚cruaoté' und ‚cruauté'. Schwanken zwischen ‚u' und ‚l' zeigen auch: ‚miels' oder ‚mielz' — ‚mieus', ‚mereçals' (1164) — ‚mereçaus' (1305). Eingeschobenes ‚l' findet sich bei ‚spli' oder ‚espli', ‚esploit' (2474), ‚mesclin' (2105, 2904), ‚resploit' (2471) neben ‚respit' (3083).

Die Nasalierung wird vor ‚b' oder ‚p' meist durch ‚m', selten durch ‚n' ausgedrückt; oft ist auch die für ‚n' gebräuchliche Abkürzung angewandt, die ich hier mit ‚m' aufgelöst habe. Vor ‚f' findet sich stets ‚n', z. B. in ‚trionfe' (706, 750, 842).

Unorganische Nasalierung findet sich bei ‚scamper' (1042), ‚ensir' (297, 2849), ‚ensi' (1925, 2241), ‚ensu' (677, 1809), ‚engal' (394. 1140); vielleicht auch bei ‚oncir' und ‚zonse' (vgl. Anm. S. XXII). Die Nasalierung unterbleibt in ‚dojon' (292, 723, 2956) wie in der Prise (vgl. auch ‚coroi' 433 = ‚conroi').

‚s' findet sich öfter einfach als geminiert in ‚pusance', ‚laser', ‚chuise', ‚trepase' neben ‚trapasse' u. a.; im Subj. Imperf. ebenso oft ‚s' als ‚ss'. — ‚s' sowohl als ‚ss' wechselt zuweilen mit ‚sc': ‚Sipion' neben ‚Scipion', ‚desiplin' — ‚discipline', ‚enscemble' — ‚ensamble', ‚conoscanze' und ‚conoiscanze' — ‚conoissanze' u. a.; ‚s', ‚ss' und ‚sc' sind oft durch ‚x' ersetzt: ‚dexandre', ‚dexend' — ‚descandre', ‚desendance', ‚mexance' — ‚mescance', ‚exlir' — ‚eslir', ‚diex' — ‚dies', ‚laixé', ‚laixeras' u. a. Umgekehrt ist ‚x' durch ‚s' ersetzt in ‚esaucer' (2453). — Im Inlaut vor Consonanten ist ‚s' meist noch vorhanden; selbst vor ‚t' findet es sich zuweilen noch: ‚destrer' neben ‚detrer', ‚senestre' — ‚senetre', ‚estre' (6mal) — ‚etre' (34mal), ‚estes' (4mal) — ‚eles' (2mal), ‚conostre' — ‚conotre', ‚çatieus' — ‚casteus', Pronom. ‚vetre' und ‚vestre', aber nur ‚notre' u. a ; auch das Verbum ‚motrer' erscheint einigemale (1475. 1478, 1534. 1865) mit ‚s'; dagegen fehlt es fast stets in den sehr häufigen Formen ‚treloul', ‚tretous' etc. — Über ‚s' impurum siehe S. XX. — Im Auslaut fehlt ‚s' zuweilen: ‚ver' und ‚me' ebenso oft als ‚vers' (Präpos.) und ‚mes' (= magis); ‚enver', ‚dever'; ‚sen' (931, 1041), häufiger ‚sens'. — Über ‚s' in der Declination siehe S. XXVIII.

‚ç' und das weniger häufige ‚z' werden völlig gleichwertig gebraucht: Während in jeder einzelnen Tirade auf Gleichheit der Versausgänge gesehen wird — einzelne Abweichungen finden sich nur 1125, 2118, 2289, 2464, 2583 ff. —, finden sich 232 ff., 2317 ff., 2597 ff. die Endungen ‚aze' und ‚açe' promiscue. Weitere Belege ergeben sich aus dem Folgenden: ‚ç' und ‚z' finden sich 1) mit dem Lautwerte des ‚s', ebenso wie das vor hellen Vokalen verwendete ‚c': ‚za' (147) — ‚ça' (1848), ‚douzor' (2316) — ‚garçon' (286), ‚Larice' (2084), ‚Lariçe' (2120) u. a.; — 2) an Stelle des nur selten gebrauchten ‚ch', welches auch häufig durch ‚c' ersetzt wird: ‚couse' (1552), ‚zouse' (155), ‚chouse' (1550), ‚couse' (751); ‚çarn' (1197), ‚zarn' (1500), ‚carn' (54); ‚çans' (1373), ‚zans' (1755), ‚champs' (2060), ‚camps' (2065); doch zeigen die meisten der hierher gehörigen Worte eine ziemlich consequente Schreibweise, indem sie entweder gar nicht oder nur zwischen zwei von den vier Zeichen schwanken: ‚civaler' (1252), ‚chivaliers' (408); ‚zastelaine' (2225), ‚chastelaine' (2758); ‚trença' (1160), ‚trenza' (1139); ‚roçe' (148), ‚roce' (151); ‚zamin' (33), ‚çamin' (2140) etc.; — 3) an Stelle des von ihnen fast ganz verdrängten ‚j' und des vor hellen Vokalen stehenden ‚g': ‚çoie' (278), ‚zoie' (173), ‚joie' (1580); ‚daomaçe' (249), ‚daumaze' (2749), ‚daomaje' (1912); ‚çentis' (2342), ‚zentil' (1575) oder ‚zantil' (20), ‚gentil' (1152), ‚jentils' (1318); ‚çant' (1605), ‚zans' (387), ‚jant' (1224), welches übrigens allermeist ‚giant' oder ‚gient' geschrieben wird. — Am Wortende finden sich oft ‚s', ‚z' und ‚ç' promiscue gebraucht, und zwar, wie es scheint, zum Teil in Folge davon, dass unser Text den Unterschied von ‚s' und ‚z' in der altfranzösischen Declination nicht mehr kennt und beide für gleichwertig hält; mit ‚z' aber drang auch ‚ç' ein: ‚tous', ‚touz'; ‚fils' (865), ‚filz' (1431); ‚anz' (1181), ‚anç' (2805), ‚ans' (1976); ‚senz' (2805), ‚senç' (2805).

In einigen wenigen Fällen, in denen man vor hellen Vokalen den k-Laut erwarten sollte, welchen unsere Handschrift hier durch ‚ch' oder ‚q' zu bezeichnen pflegt, findet sich ‚c'. Bei ‚Africe' (687) habe ich mit Rücksicht auf die sonstige Schreibung ‚Afriche' (5mal) und ‚aufrichens' (1mal) ‚ch' geschrieben.

Was das gutturale ‚g' betrifft, so zeigt die Hschr. ‚guere' (420, 725) gegen ‚gerre' (830), ‚guise' (16) und ‚guisse' (1837) — ‚gise' (2691), ‚guencir' (2mal) — ‚gencir' (4mal), ‚gerpir' stets ohne ‚u'. Da sich andrerseits oft ‚giant' und ‚gient' neben ‚jant' etc., ferner ‚giugleors' (1938) neben ‚jugleor' (451) findet, stellenweise das Bedürfnis vorgelegen zu haben, dem französische Aussprache durch Zufügung des ‚u', resp. zu sichern, doch fehlt consequente Durchführung. ‚long' (..), ‚longe' (1239), ‚longemant' (542, 1425, 1764, 2321) sind mit ‚u', wohl aber 3mal (1081, 1110, 2585) mit ‚ç' geschrieben; es hat also den Anschein, als ob hier in der That ein gutturaler Laut gesprochen werden sollte.

‚v' scheint durch ‚b' ersetzt in ‚recobrer (5mal); neben dem häufig vorkommenden ‚pobre' oder ‚poubre' findet sich einmal ‚poverté' (2716). Zwar kennt unsere Handschrift neben dem für ‚u' sowohl als ‚v' gebrauchten Schriftzeichen ein besonderes für ‚v', welches in Handschriften des XIV. und XV. Jh.. zuweilen eine dem ‚b' sehr ähnliche Form zeigt, wie auch in unserm Text in ‚vuer' (1207). Man könnte also an eine Verwechslung durch den Abschreiber denken, wenn nicht in der »Prise« dieselben beiden Worte ‚b' zeigten.

‚h', welches unser Text bei Worten, wo es zu erwarten ist, bald setzt bald nicht setzt, findet sich einige Male an Stellen, wo ihm alle Berechtigung abzusprechen ist: ‚hoster' (2817), ‚hosterent' (899), ‚hosta' (3089), ‚hosté' (3127) = ‚ôter', ‚herant' (2547) = ‚erant', ‚hanc' (3147) = ‚anc', ‚haé' (3145) = ‚âge'. Lautwert hat es also nicht, wofür auch das spricht, dass es die S. XIX f. besprochene Vereinigung zweier zwei Silben angehörigen Vokale nicht verhindert.

Formenlehre:

18] In der Declination macht Nicolas keinen Unterschied mehr zwischen cas. rect. und cas obl.; bald liegt die Form des ersteren, bald diejenige des letzteren zu Grunde; teilweise finden sich beide gleichwertig neben einander: ‚Segnor' (2747) als c. r., öfter als c. o., daneben ‚sir' oder ‚sire' im Nom., aber auch im Acc. (2237, 2359, 2632, 3070); ‚baron' und ‚felon' als c. o., aber auch als c. r. (1103, 1127, 1437, 2177 u. 2795) neben dem c. r. ‚bier' (3011) und ‚fel' (1077); ‚suer' als c. r. (3124, 3127) neben dem c. r. ‚seror' (94); ‚nies' nicht nur als c. r. im Sing., sondern auch im Plur. (1143) sowie als c. o. im Sg. (273, 1601); ‚quens' als c. r. und c. o. des Plur. (2489 u. 1524, 1802), daneben ‚cons' als N. Pl. (1427), wenn ich den Vers nicht falsch verstehe. Auch ‚Cesaron' kommt in beiden Casus vor; ‚Domicion' (1787) ist Genitiv. — Sind die angeführten Formen durch das Metrum als vom Autor selbst herrührend beglaubigt, so lässt sich bei den übrigen nicht entscheiden, wie weit ihre Gestalt die ursprüngliche, wie weit eine durch den Abschreiber entstellte ist; doch scheint im Allgemeinen aus ihnen hervorzugehn, dass Nicolas eine Kenntnis des

XXIX

flexivischen Wertes des ‚s' in der älteren Sprache nicht mehr gehabt hat. Dagegen findet sich ‚s' fast durchgängig im Plural verwendet, wie es scheint, um denselben vom Singular zu unterscheiden. — ‚uns' und ‚un' werden ohne Unterschied für den cas. rect. und cas. obl. gebraucht. ‚totus' zeigt folgende Formen, welche sehr häufig vorkommen und ebenfalls für den c. r. und den c. o. in gleicher Weise verwandt werden: Masc. Sg. ‚tot', Pl. ‚tous', ‚tuit'; Fem. Sg. ‚tote' und ‚tot', Pl. ‚toutes' und ‚tous'.

19] **Geschlecht der Substantiva.** ‚la soir' (1459, 2224, 2777) und ‚la sieçe' (336) wie in der »Prise«; ‚la deman' (2157) — ital. ‚la domane'; ‚un flor' (101, 1587) — it. ‚il fiore', neben ‚la flor' (1770, 1936, 2308); ‚la sort' (1602 = ‚sortem') — it. ‚la sorte'. In den Fällen ‚rive dou mer' (2184), ‚sir dou rice mer' (2204), ‚la nef . . . che-o mer mains doloit' (2445), ebenso wie ‚ao fin de la bataille' glaube ich ebenfalls einen Geschlechtswechsel annehmen zu sollen — Nic. gebraucht ‚mer' und ‚fin' sonst als Feminina —, eine Annahme, welche durch it. ‚il mare' und die Wendung ‚al fine' gestützt werden dürfte, während andrerseits die etwaige Behauptung, dass hier der wie ‚le' enclitisch verwendete Artikel ‚la' vorliege, sehr unwahrscheinlich ist und sich durch nichts stützen lässt. Vgl. den Artikel, Abschn. 23. Vgl. auch 1051, wo ich ‚male fin' durch ‚mal' ersetze, weil das erstere nur bei Annahme eines starken Enjambements in der Cäsur in das Metrum passt. — Von Abstracten auf ‚or' findet sich nur ‚oscuror' (1739) und ev. ‚color' (449) als Masculinum gebraucht.

20] **Von den Feminina der Adjektiva** stimmen viele noch mit dem Masc. überein, so das sehr häufige ‚grand', ‚zantis' (160, 187, 223), ‚infernaus' (263), ‚cruel' (1055), die Comparative ‚gregnor', ‚meilor' u. a.; andere zeigen ein Schwanken, so die durch das Metrum bestätigten ‚fer' (285) und ‚fier' (229, 289) neben den häufigeren ‚fere' und ‚fiere'; ‚tot' und ‚tous' im Fem. häufiger als ‚tote' und ‚totes', einmal (34) ‚tele' neben ‚tel' und ‚tiel'. Zu ‚primer' lautet das Fem. ‚primere' und ‚prime'.

Bei den **Adverbien** kann das Feminin-‚e' fehlen: ‚cermant' (2177) — ‚ceremans' (1787), ‚fiermant' (795, 2395..) — ‚fieremant' (3120), ‚seulment' (2064, 2748 u. ö.) — ‚seulement' (887, 2378, 2740...); ‚fortment' (1380, 2842 u. ö.), auch ‚forment' (153, 158) stets ohne ‚e'. — Die Anwendung des Feminin-‚e' scheint meist nur von den Anforderungen des Versmaasses abzuhängen (vgl. z. B. 29, 189, 212, 1605, 2108, 2433 u. a.).

21] **Zahlwörter.** Es findet sich ohne Unterschied des Casus und des Geschlechtes ‚dos' (12mal), ‚dous' (6mal), ‚deos' (1mal), ‚deus' (2mal), ‚does' (2mal u. zw. als Fem.), ‚ambdui' (1mal als Nom.). ‚troi' (4mal) — ‚trois' (3mal). Auffällig sind ‚quint' (1387) neben ‚cinc' (1mal), und ‚qart' (1U9) neben ‚quatre' (6mal) und ‚quatres' (1mal) als Cardinalia, während ‚quart' (1784) auch als Ordinale vorkommt. ‚mil' oder ‚mill' (222, 808, 898) wird gleichbedeutend mit ‚mille' (643, 955, 1615) gebraucht.

22] Der **Comparativ** ‚pis' wird fünfmal als Adjektiv oder Substantiv, zweimal als Adverb gebraucht.
An organischen **Superlativen** weist unser Text auf: ‚pesme' (1796, 2065), ‚some' (1876)*), ‚fortisme' (1363), ‚noblisme' (841).

23] **Artikel.** Sg. Masc. ‚le', selten ‚li'; Fem. ‚la'; Plur. Masc. ‚li', zuweilen ‚les', F. ‚les'. In Verbindung mit Präpositionen ‚dou', wofür je einmal ‚do' und ‚du' (vgl. S. XXIII), ‚de le', ‚de la', ‚des', einmal ‚dex', ‚de les', ‚de li'; ‚ao', ‚au', einmal ‚aou', ‚a le', ‚a la', ‚as', ‚a les', ‚a li'; ‚dao', je einmal ‚daou' u. ‚dau', ‚dal', ‚da le', ‚das'; da les'; einmal ‚es' = ‚en les' (3076). — ‚Le' findet sich, zu ‚o', einmal zu ‚ou' vokalisiert, als Encliticon hinter der Conjunction ‚que' (893, 1432, 2042, 2220, 2281, 2435, 2540, 2931), dem Relativ (2445), ‚encontre' (2480), ‚done' (2819).

24] **Pron. demonstr.** Sg. M. ‚cil'; ‚cist'; ‚celu' u. ‚cellu' (meist substantivisch), ‚celuy', je einmal ‚celluy' und ‚cellui'; ‚cestu' (meist adjektivisch), einmal ‚cestuy'; (die Formen mit ‚y' oder ‚i' stets substantivisch). Sg. F. ‚celle', selten ‚cele'; ‚ceste'. Pl. M. ‚ceus', einmal ‚ceos'; ‚ces'; ‚celor', einmal ‚cellor', ‚celour'; ‚cestor', ‚cestour'; (‚celor' u. ff. ausser 1144 substant.). Pl. F. ‚celles'; ‚ces'. — Vers 201 steht ‚la' im Sinne des Demonstr. ‚celle'.

25] **Pron. pers.** ‚je', ‚ze', ‚çe'; ‚tu'; ‚il'; ‚elle', selten ‚cle'. c. obl. ‚moi', ‚toi', ‚soi', ‚lui', selten ‚lu', F. ‚li' (2912, 2963). ‚nous', ‚vous', selten ‚nos', ‚vos'; neben ‚il' findet sich im Pl. M. ‚i' (1265, 1531, 1898, 1899, 1982, 2047, 3000, 3040), ‚eus'; ‚elles'; c. obl. ‚lour', ‚lor', ‚lur' (1895), ‚eus', selten ‚aus'. Das verbundene Pronomen zeigt im Dat. und Acc. ‚me', ‚te', ‚se', selten ‚moi', ‚toi' (476), ‚soi' (1872); ‚nous', ‚vous', ‚nos', ‚vos'; neben dem Dat. ‚li' im Sg. ‚i' (1160, 1766, 3141 u. a. a. O.); der Acc. M. ‚le' erscheint nicht selten suffigiert u. zw. als ‚l' oder ‚o', je

---

*) ‚some' als Superlativ (‚it sommo') ist verbürgt durch den Text in *Rv*: ‚Souveraines vertus'.

einmal als ‚ou‘ (1560) und ‚u‘ (3156) (2576, 2603, 2836, 1560 an ‚ne‘; 2836 an ‚que‘; 3156 an ‚ce‘; 2760 und 2859 an die Subst. ‚Nile‘ und ‚fortune‘ angehängt), vgl. übrigens 680, 1363 u. a.; F. ‚la‘; Pl. Dat. ‚lour‘, ‚lor‘. Ac. ‚li‘, selten ‚les‘. — Die Form des cas. obl. ‚moi‘ ist nur 865 als absolutes Pron. verwendet; sonst übt Nic. den altfranzösischen Brauch. — Es findet sich fünfmal (113, 125, 156, 2313, 2837) ‚la‘ im Sinne des Nom. ‚elle‘ gebraucht und ‚le‘ einmal (89) statt ‚eles‘*). — Statt ‚vous‘ (Ac. des Pron. conj.) findet sich ‚ve‘ (2117 u. ev. 105), ‚v‘‘ (2512), was an das ital. ‚vi‘ »euch« erinnert. 2372 ist ‚n‘ in ‚nais‘ wohl = ‚ne‘ im Sinne von ‚nous‘ zu setzen, wie ja ‚ne‘ = ‚ci‘ »uns« bei ital. Dichtern auch vorkommt.

26] Pron. poss. ‚mien‘, selten ‚mon‘; ‚tuen‘, selten ‚ton‘; ‚suen‘, ‚sien‘ (1142), selten ‚son‘, ‚sun‘ (1632). ‚ma‘; ‚ta‘; ‚sa‘. ‚mes‘; ‚tes‘, selten ‚tiens‘; ‚ses‘, seltener ‚siens‘, ‚suens‘ (2670). ‚notre‘; ‚vetre‘ und ‚vestre‘; ‚lour‘, selten ‚lor‘. ‚nous‘; ‚vous‘; ‚lour‘, ‚lor‘, selten ‚leur‘. — Statt ‚suen‘ (M. Sg.) findet sich zweimal ‚ses‘ (624 und 1678) und statt ‚ses‘ (M. Pl.) einmal ‚si‘ (1014). Die Formen des absoluten Pron. poss. weichen von denjenigen des conjunctiven nicht wesentlich ab. Auffällig ist nur ‚la sue‘ (2537), welches wohl im altfrz. ‚söe‘, ‚soue‘ und im ital. ‚la sua‘ seine Erklärung findet. Dieselbe Deutung dürfte bei dem handschriftlichen ‚la sue‘ (»Prise« 6092; »Le mur de la sue part«), welches Mussafia, um eine einsilbige Form zu erzielen, zu ‚suen‘ corrigiert hat, zulässig sein. — In der Stellung der conjunctiven Pronomina haben die Possessiva zuweilen den Artikel, so 1454, 2405, 2413, 2771, 2903, 2924, 3001, 3047.

27] Pron. relat. u. interrog. N. ‚qe‘, seltener ‚qi‘; der Genitiv wird durch ‚ond‘, zuweilen auch ‚dond‘ ersetzt (vgl. die Conj. ‚ond‘); im Dativ ‚cui‘ ohne oder mit ‚a‘. daneben ‚a chi‘ und ‚a qui‘; Ac. ‚qe‘. Neutr. ‚qe‘. Adjektivisch wird ‚qiel‘, ‚qel‘ mit oder ohne den Artikel gebraucht; 546 und 550 findet sich ‚qe‘ im Sinne von ‚quel‘.

28] Conjugation. Die regelmässigen Flexionsendungen zeigen gar kein Schwanken in Form und Schreibung. Ich

---

*) Wenngleich man hinter ‚la‘ einige Male ‚là‘ oder einen Schreibfehler statt ‚ja‘ vermuten könnte, so ist bei ‚le‘ eine solche Annahme nicht möglich; zudem spricht an drei Stellen der Wortlaut in Ro für die obige Auffassung: die Parallelstelle zu 2313 lautet: »quant il est mors premiers, doit elle plorer«; zu 2837: »Se tu n'as tant de cuer qe tu tiegnes le royaume, ren le a Ceopatra, ta sereur, car ele i a meilor droit que Pompée ne Cesar«; zu 89: »Eles faisoient amer ... Eles faisoient qe .... Eles faisoient semblant de tenebres a plain midi e semblant de clarté par nuit oscure ...«

halte daher die Subj.-Endungen ‚aist'*) (1282) statt ‚ast' (16mal), ‚essent' (729) statt ‚assent' (3mal), die Infin.-Endung ‚cre' (1320, 1628, 1993) für vom Abschreiber herrührende Formen. — Neben ‚ons' der 1. Pers. Plur. findet sich ‚omes' : ‚avomes' (544), ‚auromes' (2385), ‚soiomes' (764) und ‚siomes' (2851), ‚seromes' (553), ‚perdomes' (771), alles Formen, welche sonst auf ‚ons' endigen. — In der 3ten schwachen Conj. bilden einige Verben die 3. Sg. Perf. auf ‚ist': ‚brandist' (1223, 1257), ‚fremist' (237), ‚gemist' (484), ‚rogist' (1068), ‚sclarist' (2609), die andern auf ‚i'. — Auf ‚ist' statt ‚ést' bildet übrigens auch ‚remanoir' : ‚remist' (320); vgl. Plur.: ‚remistrent' (889, 890, 1894), welcher wahrscheinlich durch ‚remetre' (1521) und ‚metre' (589, 1517 etc.) beeinflusst ist. — An Perfekten, welche den Tonvokal eingebüsst haben, weist der Text an dem Altfrz. fremden Formen nur ‚respondrent' (230, 328), ‚dexendrent' (1110) auf. — Die 2. P. Sg. und Pl. des Ipf. Subj. und des Cond. weisen einige auffällige Formen auf: Das Conditionale hat die Endungen ‚oie' (18mal), ‚oies' (in ‚devroies' 468), ‚oit' (59mal), ‚oiés' (in ‚seroies' 2343), ‚oient' (10mal). Daneben die Formen ‚poristes' (2867) und ‚seristes' (2863) als 2. P. Sg.; ‚feristes' (2421), ‚poristes' (2419), ‚seristes' (2422) als 2. P. Pl.; und diesen wahrscheinlich nachgebildet ‚aidaristes' (705) von ‚aider'. Das Ipf. Subj. zeigt 1. P. ‚ase' (2416), ‚ise' und ‚isse' (4mal), ‚use' und ‚usse' (7mal), 3. P. ‚ast' (16mal), ‚ist' (31mal), ‚ust' (84mal), 1. Pl. ‚fuissons' (2957), ‚fuisons' (527), ‚fusons' (386), 3. Pl. ‚asent' (3mal), ‚issent' und ‚isent' (12mal), ‚usent' (16mal); dagegen in der 2. Sg. ‚venistes' (2755), ‚vousistes' (431), ‚moristes' (3031) neben dem Plur. ‚morises' (3057), ‚fustes' (2386, 2843)**); und ferner in der 2. Pl. ‚veïstes' (129) neben ‚veïses' (362, 1018, 1615, 1900), ‚deüstes' (214), ‚poïses' (584), ‚oïses' (134), ‚morises' (3057), ‚fustes' (163, 3071, 3072)***), ‚aüstes' (2350), ‚eüstes' (3061) neben ‚eüses' (541 u. 717), und ‚donastes' (535), ‚entornastes' (560), ‚detrençastes' (2420). Die 2. Sg. zeigt also ,-stes' 5mal gegen ,-ses' (1mal), die 2. Pl. -stes' 10mal gegen ,-ses' 9mal, also keinen Unterschied zwischen Sing. und Plur. Auch hat keine der Formen ‚ies', wie Mussafia in der »Prise de Pampelune« gelesen hat (vgl. daselbst S. XIII), sondern alle deutlich ‚ies'. — Der Subj. ‚vousistent' (2013) neben ‚vousisent' (1907, 2674) und dem anzuzweifelnden ‚volisent' (2005) ist vielleicht eine Analogie-

---
*) ‚osaist' findet sich übrigens auch (nach Burguy) Gerars de Viane 2771.
**) Wenngleich 2843 die Syntax vielleicht gestattet, die Form als Perfekt aufzufassen, so steht dem doch die 2 Sg ‚fus' (3129) gegenüber.
***) ‚fustes' lässt sich 3071 u. 72 vielleicht auch als Perfekt denken, schwerlich aber die Formen ‚donastes' ff.

XXXIII

bildung zu ‚vousistes'. — Auffällig ist das Fut. ‚ferra' (275) zu ‚ferir', einem Verbum, bei welchem ‚rr' übrigens auch in anderen Formen geschrieben wird: Ipf. ‚ferroit' (1829) neben ‚feroient' (966, 1022), ‚ferrant' (970, 1033, 1544, 1840) neben ‚ferant' (1609, 1799); ferner ‚revertra' (280) zu ‚revertir'; dahingegen ‚para' (3028) zu ‚paroir', ‚remarons' (547) zu ‚remanoir'. Das Schwanken zwischen ‚r' und ‚rr' ist hier, wie bei den übrigen, oft unberechtigten Doppelconsonanzen der Handschrift vielleicht einem italienischen Abschreiber zur Last zu legen. — Nach der inchoativen Abwandlung gebildete Formen finden sich in der »Pharsale« gar nicht; zu ‚enplir' bildet Nicolas im Ind. Praes. ‚enplent' (590). — Mehrere Verben zeigen eine Doppelformigkeit, welche stellenweise wohl durch die Anforderungen des Metrums begünstigt wurde; dabei laufen auch unfranzösische Formen mit unter: Im Ipf. von ‚estre' findet sich ‚eres' (2401), ‚ert' (22mal neben 33maligem ‚estoit'), ‚erons' (790), ‚erent' (16mal neben 13maligem ‚estoient'). Die 2. Sg. Praes. Ind. lautet ‚eis' wie in der »Prise«. ‚vindrent' (1751) und ‚verent' (2370) als Perfekta, ‚vindrent' (3027) und ‚venrent' (2637) als Futura, ‚vindroit' (2853) und ‚veroit' (2118 und 2417) als Ipf. Fut. von ‚venir', — ‚verent' ist (3mal) auch Perf. von ‚veoir', dessen Fut. ‚veront' aufweist; bei ‚dire' : ‚disoit' (3mal) neben ‚dioit' (3016) und ‚dioient' (2930), ‚disant' (610) und ‚diant' (2265), im Praes. Subj. nur ‚die' (4mal), ‚dient' (5mal); neben den Perfekten ‚mis', ‚pris', ‚vint', ‚tint', die Ipf. Subj. ‚metisent' (1486), ‚prendise' (5mal), ‚venist' (6mal), ‚tenisent' (2012, 2437); ‚poisons' (3103, 1268) neben ‚poons' (2mal), falls sie nicht als Conjunktive zu betrachten sind; ‚valixant' (3 mal) neben ‚vailant' (2mal). Wenn neben 9maligem ‚vencu' einmal (2856) ‚vaint' — daneben noch einmal im Reim (1503) — als Part. von ‚vaincre' vorkommt, so dürfte ital. ‚vinto' dazu verleitet haben. Die in der »Prise« (vgl. Mussafia S. XIII) und auch sonst in franco-italienischen Texten vorkommende Form ‚desist', wahrscheinlich nur durch einen Schreibfehler zu ‚desis' entstellt, findet sich 2572, daneben ‚descendi' (2935). In mehrfacher Hinsicht bemerkenswert ist ‚morir' (Inf. häufig): Praes. 1. Sg. ‚muer' (1652), 3. ‚muert' (1707), ‚moert' (1711), Subj. 1. Sg. ‚moire' (1659), 2. ‚moeres' (3029), ‚mores' (2908), 3. ‚muere' (512); Ipf. ‚moroit' (125, 2070), ebenso Condit. (527, 2151), Fut. ‚mora' (271, 276, 283), Perf. ‚morut' (1376), Ipf. Subj. ‚morisse' (541), ‚moristes' (3031), ‚morist' (75), ‚morises' (3057). — Bei ‚aler' weisen Fut. und Condit. die Formen ‚alera' (549), ‚alerons' (463), ‚aleres' (2516), ‚aleront' (287), ‚aleroit' (140, 2167, 2221), andere aber nicht auf.

29] **Adverbia.** Die Negationspartikel erscheint unter den Formen: ‚ne', seltener ‚ni', ‚nen' oder ‚non', einigemale ‚no'; ‚ni' wird zumal bestätigt durch 462, 2202, 2675, 3067, wo ‚i' = ‚ibi' auf ‚ni' folgt. — ‚i' (= ‚ibi') wechselt mit ‚li'. — ‚ovoir' (588) = »oder« ist der italienischen Form ‚ovvero' noch ähnlicher als ‚voire' der »Prise«. — ‚anpois' (2627) = »nachher« ist nur anders geschrieben als in der »Prise« (‚ampues') — ‚tutor' (418, 980, 1722. 2144) = »immer«, it. ‚tuttora'. — ‚mieus', ‚mielz' hat die Bedeutung »lieber« nur in Verbindung mit dem Verbum ‚amer' (1114. 2937). — ‚mantinant' steht 211, 1110, 2017, 2202, 2495 u. ö. im Sinne des it. ‚immantenente' = »unverzüglich«. — ‚da cef' (1684, 1998, 2360) = it. ‚da capo'. — ‚ao de lon' (719,2947) = »ohne Unterbrechung«, it. ‚a di lungo'. — ‚a pont a pont' (178, 1927), ‚pont a pont' (137).

30] Der Gebrauch der **Präpositionen** bestätigt die von Mussafia in der »Prise« gemachten Beobachtungen: lat. ‚cum' wird meist durch ‚o' oder ‚ou', seltener durch ‚con', ‚com', ‚cum' oder ‚avec' wiedergegeben; ‚da' wird wie im Ital. verwendet; zwischen ‚par' oder ‚per' und ‚por', wofür auch ‚pour', selten ‚pur' geschrieben wird, besteht kein Unterschied im Gebrauch. Zu den üblichen Zusammensetzungen von Präpositionen bildet Nic. noch neue, so ‚dedans a' (2583), ‚desous a' (521), ‚outre a' (2675), ‚devant a' (2730,2790). An ital. ‚sotto' erinnert ‚sot' (1109), an ‚torno': ‚torn' (1623), ‚lor' (2094).

31] Übereinstimmung mit dem Brauch der »Prise« zeigen auch die meisten **Conjunktionen**: ‚ond' dient zur Verknüpfung von Sätzen. und zwar bringt es meist ein consecutives Verhältnis zum Ausdruck; dies letztere ist zumal bei ‚ond che' der Fall, welches ziemlich oft verwendet ist. ‚ond' ersetzt übrigens auch das Relativum (55, 179, 270, 290, 395, 498, 509 u. ö.). Causales ‚que' ist häufig. ‚cum tot ce que' (1874), ‚tot ce que' (688, 1451, 2536) = »obgleich«. ‚pur que' (560) = »wofern nur«; ‚pur' (1015. 1880), ‚pour' (1503?) = »gleichwohl« — ‚pur' ist übrigens auch = »nur« (2839, 2960) —. ‚voir qe' (2419) = »wenngleich«. ‚ment que' (1219) = »während«, it. ‚mentre che'.

32] Von **syntaktischen Erscheinungen** nenne ich hier nur folgende: Die umschriebenen Formen von ‚etre' werden wie im Italienischen mit diesem selben Verbum gebildet 871, 1174. 2514, 2626, 2072, 2980; nur einmal (2301) begegnet ‚avoir'. — Beim reflexiven Verbum ist 2mal ‚avoir' als Hülfsverbum verwendet: 781 u. 1509, 5mal ‚etre': 523, 1053, 1056, 1245, 2246, wahrscheinlich auch 218. — Der Infinitiv mit Negation wird im Sinne des prohibitiven Imperativs gebraucht:

186, 2107, 2398, 2862. — Das Possessivpronomen des Singular ist in Bezug auf eine Mehrzahl von Besitzern angewandt: 1322, 1342 u. ev. 449. — ‚ne' im Sinne von ‚en' (= ‚inde') findet sich 1188.

33] Was die Lesung der Handschrift betrifft, so geben zur Auflösung der Abkürzungen die in den meisten Fällen von der Handschrift selbst gebotenen ausgeschriebenen Formen die gewünschte Auskunft. Auch ist die Bedeutung der einzelnen Abkürzungen durch die ganze Handschrift ziemlich consequent beibehalten. Nur Folgendes ist nach dieser Richtung besonders zu bemerken:

Der als Abkürzung für ‚n' übliche horizontale Strich bedeutet zuweilen ‚m'; hiermit löse ich ihn auch vor ‚p' und ‚b' auf, wenngleich die Hschr. vor diesen Consonanten zuweilen auch ‚n' neben ‚m' zeigt. — Dementsprechend löse ich auch das für ‚con' übliche Zeichen vor ‚p' und ‚b' mit ‚com' auf.

Die als Abkürzung für ‚r' verwendeten zwei neben einander gesetzten Punkte sind in ‚traval' (2511) für ‚ra', in ‚prendre' (1556 u. 58), ‚detrencer' (2840) und ‚mercierent' (318) für ‚re' gebraucht.

Einige Male begegnen Zeichen, welche man für Abkürzungen halten könnte, wenn nicht die Worte und Verse, in welchen sie sich befinden, auch ohne ihr Vorhandensein vollkommen ausreichenden Sinn und richtige Form zeigten, so ein vertikaler Strich über ‚r' in ‚binder' (1112) und ‚sir' (1481), so ferner ein fast quadratischer Ansatz links oben an ‚e' (1650 in ‚dei', 1887 in ‚le', 2061 in ‚ne', 2180 in ‚me'), welch letzterem ich nur 1441 in ‚le' eine Bedeutung beizulegen vermöchte, da hier eine Silbe fehlt. Ich habe dieselben daher unberücksichtigt gelassen.

An mehreren Stellen ist ein Buchstabe unterpunktiert — z. B. ‚e' in ‚pies' (1155), welches sonst (6mal) ‚pis' lautet —, womit die Tilgung desselben angedeutet ist (vgl. Wattenbach a. a. O. S. 95). Da sich indessen nicht entscheiden lässt, ob diese Correcturen ursprünglich sind oder nicht, so berücksichtige ich dieselben nur insoweit, als die Übereinstimmung mit dem sonstigen Brauche der Handschrift dies verlangt. Ich führe die Stellen auf: ‚li' (1159), ‚princes' (1756), ‚aitis' (1837), ‚a' (1294 und 1886), ‚boscaçe' (2183), ‚esmaée' (2267), ‚estaze' (2611), ‚estaus' (2668).

‚e' mit darüber befindlichem horizontalen Strich bedeutet ‚est', nur einmal ‚en' (1501).

Das Zeichen ‚ch'r' lese ich ‚chivaler' entsprechend den ausgeschriebenen Formen ‚chivaliers' (408) und ‚civaler' (1252, 1288, 1625, 1690).

34] Bei Herstellung des Textes habe ich mich, abgesehen von der Ausfüllung geringer Lücken, darauf beschränkt, die Schreibfehler zu beseitigen. Über das hierbei beobachtete Verfahren geben die Anmerkungen sowie die vorstehende Einleitung Aufschluss. — ‚i‘ und ‚j‘, ‚u‘ und ‚v‘ trenne ich, ‚y‘ (= ‚i‘) ersetze ich durch ‚i‘; die grossen Buchstaben verwende ich dem modernen Gebrauche entsprechend. Den Accent benutze ich nur zur Bezeichnung der Tonsilbe. Zusätze im Text, welche ich mich zu machen genötigt sehe, klammere ich ein [ ]; bei anderen Abweichungen von der Handschrift setze ich die Lesart derselben unter den Text.

35] Die Anmerkungen (S. 78 ff) gelten zumal zweifelhaften Lesarten, teilweise auch orthographischen und durch das Metrum veranlassten Änderungen, welche besonderer Rechtfertigung bedürfen. — Bei der Deutung unklarer Stellen trage ich kein Bedenken, neben dem Text von Rv auch denjenigen von J oder F als Stütze für die Erklärung heranzuziehen, da ja J und F, weil nach K gearbeitet, für dieses und somit auch für unser Gedicht als solche dienen können. Trotzdem vermochte ich nicht für alle mir dunkel erscheinenden Stellen eine ansprechende Deutung zu finden, in Folge wovon ich vielleicht stellenweise die richtige Wiedergabe der Handschrift verfehlt habe. Hinsichtlich dieser Versehen, sowie auch betreffs der übrigen Mängel, welche der vorliegenden Arbeit noch anhaften mögen, bitte ich die Herren Fachgenossen um gütige Nachsicht.

Cil qe veult a bonté e a honour atandre
Si next ce qe je dirai bien oïr e porprandre.
Qar la plus fert zotre qe li ferai entandre
E la greignor bataille e le greignor comandre
5 Che fust devant e pois qe deu se laisa pandre.
Ne ferent tiel bataille li Grecois a desrandre
A por [x] devant Troie, quand l'allerent a prandre.
Ne onc le roi Poros vers le roi Alexandre.
Conmant fist en Thessalie — selong qe puis comprandre —
10 Le buen Julius Cesar par suen honour defendre
Vers Ponpie e Romain, quand le cuidoit sourprandre.
Qi adonc veut oïr l'estoir e le comprandre,
En pes e en delit doit pres moi remandre :
E qe si proierai oamnideu de coer tandre
15 Che il en tiel mainere doit mien cors aprandre.
Qe poise cestu ler pour tiel puise distandr
Che nul inen entendanr ne n'en puise reprandre
Savés par qo: vous a mis en rime de France
Ceste fere bataille e la dure acontance :
20 Qe l'amis de cuer, qanc vont por strange stance,
Mainet lois por aprendre ardimant esciance
Des rouses trepasses vont leisant demandance.
L'en l'conte de Hector e de sa convenance
De Porus d'Alixandre e de lour asemblance.
25 De Zarle de Romne e de si de Maiance
Des autres autunt ont de fait recontance.
Pour ce de rime sont selong lour provenance.
Mes oui ler des Romeus ne pouit por certance
Nul conter bien a pont tot le droite sentance.
30 Se tot fu l'avoir l'amur et sa presance.
Pour ce q'i n'est rime par nule concordance.
E nont civaucant autor tou destourance
A lire por zaun a ler en continance.
Or se vous veu rimer par une distorance.

1 Tg. Adu. el civen. 12 c Enl.

35 Qe cil qe por ma rime l'aura en remembrance
Le pora dir sens livre e sens nulle pesance
E de falir l'istoire ja non aura dotance.
Vos avés bien oï, cum fu la descordance
Da Cesar a Ponpiu ou fu si grand pusance.
40 Mes si cum dit Lucan, je veul fer remenlance
De l'eslor de Thesaille e de la grand mescance,
Jusqemant qe Pompiu fu mort a delivrance
Pour le faus sedutor ou avoit sa flance;
E se Deu me mantient en bone paciance,
45 Ze rimerai l'istorie jusqe la definance.

Nous trovons en escrit — selong qe dit Lucan — III [1c
Qe quand fu desconfit Cesaron le Roman
Ao zatieus de Duraz ou fu si grand achan,
Il ala en Tesaille, e Pompiu man a man
50 Après lui segonda por doner li afan.
Sor li mons de Tesaille — si cum dit cist Roman —
Se loza l'ost Pompiu e cil Cesar ao plan.
Cesar fu si reclus en cil maovès terran
Qe falis i estoient e carn e vin e pan:
55 Tolus i erent li pors ond li venoit le gran,
E pour ce voloit il l'estor tot primeran,
Anç qe morir iluec a guise de vilan.
E Pompiu l'eslonçoit; qar au cef derean
Le cuidoit bien sozmetre sens mort d'ome moundan.
60 Qar ja ne voloit mie — cescun en soit certan! —
Conduir a mort ses homes nē anc li alian;
Qar tuit erent de Rome e parant mout proçan;
E por tant li voloit saover le cevetan.
E bien l'auroit il feit avant la fin de l'an,
65 Se ne fusent siens homes e lour consil autan:
Qar de combatre Cesar ert cescun de cuer plan,
E portoient as lours grand iror e aan,
E celour a cestour nen portoient mie man.

Iror e mautalant e petite merci   IV
70 Se portoient Romeins d'ambdeus pars, [ce] vous di:
Cescuns des fobles fu de peor esfraï,
E ceschuns des ardis fu fortment esjoï;
Ch'il atendoit victoire desour suen enemi.
Sestus avoit dotance — selong qe dit l'escri —   [2a
75 Ch'il ne morist iluec ne suen pere ausi,
E dist: »Savoir voudroie qi doit etre seixi
De l'onour des Romeins en la fin de l'estri.«

---

78. atendoint.

Ceslui non fu pas digne — se Lucan ne menti —
Dē etre fil Ponpiu, le prince segnori:
80 Qar Pompiu fu tant buen, tant prous e tant ardi
Qe mais por nul afan suen vis nen paloī,
E Sextus por peor tant fist e tant queri
Qe pour ceus dou païs li fu dit e geī
Qe tot le mond n'estoit de sorciers si garni,
85 Comant estoit Thesaille — selong qē ont hoī:
Tant estoient celor de les ars reampli
Ch'i fesoient mervoilles en cil païs anti.
Sour touz en avoient les fames lous e cri:
Le fesoient le çorn sembler tant oscuri,
90 Cum fust da mīe nuit quand plus est enbruni,
E la nuit fesoient sembler çorn esclari
E feīsent jeisir la mer avec le fi
E le per o la fille, cum s'il fust suen mari;
Le frer e la seror qi erent d'un pein nori
95 Fesoient acobler carnelment cum ami
E fesoient li mons sembler plans e lari
E les plans sembler mons, selong qe lor pleisi,
E fesoient la pluvie venir dou tamps seri
E la mer ondeçer quand plus ert aboni.
100 Ors, lions prendoient e serpans arabi,
Ne dotoient venin, vailant un flor de li.
Sour touz les encanteres qe vos ai conté ci
Si fu dame Heuriton — ce sacés vos de fi! —
La metre plus sopraine qē anc de mer nasqui.
105 Ce qe ceste fesoit ve sauroie conter: V
Qar se Lucan ne fu de cist feit mençogner,
Medée ne Casandre ni Helenus suen frer
Ne cil Nectanebus, por le quiel ençanter
Fu blasmee Olimpias, la belle o le vis cler,
110 Nen savoient a ceste valixant un diner.
E por ars de diables, non por autre mestier,
Savoit quant qe in infern fesoient li maoffer.
La ne demoroit pas en tor ni en dognier,
Ne souz nulle courtine ne voloit converser,
115 Mes en un cimitire fesoit suen demorer
Ou nulle creature nē ousoit habiter.
Iluec li venoient diables a parler
E i aportoient letres qe fesoit envoier   [2b
Pluton, le grand diable, metre de mal ovrer.
120 Ja nul soveran deu ne voloit honorer
De buef ne de mouton servir ne sacrifier.
Mais Belçebut servoit e Pluton l'averser.

Elle fesoit morir o fame o baçaler:
A l'onour des diables fesoit li cors bruler,
125 E së un hom moroit, la fesoit retorner
L'arme q'ert en infern en le cors sans tarder
E se fesoit novelles conter e deviser.
Asés fesoit mervoilles qe jo ne sai nomer.
Anc ne veïstes fame plus laide a regarder:
130 Megrë estoit e flape e golee cum sparver,
Dou cef descevellee e zainte d'un baudrer
De serpentines vives qe l'en ne veult tocer,
Ongles oit de grifon e vis de fame enter;
De plus laide figure n'oïsés anc rasner.
135 Quand Sextus entendi ce q'ele savoit fer,
Si dit q'a celle fame voloit dou tot aler
Por savoir pont a pont cum l'estor doit finer.
    Diés dou fil Pompiu coinant il esploita;   VI
Quand oï la novelle de Heriton, si pensa
140 Q'il i aleroit parler, e plus nen demora;
Qar de la mort se dote cum l'en qe vil cuer ha.
Lour prist de ses barons ou il plus se fia:
Ce furent des plus fobles që en l'ost se trova.
Por trover Heriton o soi li amena;
145 Droit en la mïe nuit das suens se desevra.
Tres pormi li sepolcres, si com l'en li conta,
E pormi li carners vont cercant za e la.
Sor une roçe antïe ou nul ne conversa
Ou devoit la bataille etre che non boisa
150 Troverent Heriton, qand le solaus leva.
    La roce fu petite ou Heriton estoit;   VII
Un petit cimitire pres desouz terre avoit;
Iluec ovroit ses ars e formant se penoit
A ce qe la bataille fust en cil suen destroit.
155 Qar [de] trou noble zouse a suen cuer sembleroit,
Se de ceus cors romains envoier la poroit
A suen metre Pluton që elle tant amoit.
Quand Sextus l'oit veüe forment se spoëntoit
Nonporquant li parla e peor non motroit:
160 »Zantis dame«, feit il, »honorable, por droit,
Cortoise e ensenee, plus c'om dir nen sauroit,
Par vous est honoré cist pais, qand vos i oit;   [3a
Qar se vous ne li fustes, concüs ne seroit.
Je sai bien qe savés tot quant qe venir doit
165 De l'estor de Thesaille e de quant qe vous ploit.

---

130. fame il voloit.

Ze sui lē anzné fil de Pompiu qe tant poit;
De l'estor q'atendons jē ai le cuer tot froit;
Pour ce savoir voudroie qi vaincra cist convoit;
Qar a noiant seroie, se mien per perdisoit
170 E ricē e mainant, s'il adonc venquisoit.
Ond je vous pri, madame, qe celé ne me soit.«
Quan cellē entendi qe Sextus la prixoit
De savoir sour les autres, grand zoie li montoit.
Adonc dist Heriton: »Or entand, ami dous!   VIII
175 Non croi qe miaus feīst li aubres glorious
Savoir a Alixandre ce dond fu desdegnous
Com çe a toi ferai, anz che zorn seit estous,
Savoir a pont a pont ce dond eis convoitous.
Ne veul dir de cist feit ond tu eis dubitous,
180 Mes de trou greignour zouse te feroie respous.
Ao mond nē a montagne ne pui si perilous
Ne lion ne serpant ne ors tant afarous
Qe ne feisse parler veant cestour e vous,
E autres grand mervoiles pois fer veant tretous.
185 Or te veul fer savoir ce dond eis pensirous,
E por rien qe tu voies ni etre spaürous!«
»Grand merci, zantis dame,« dist cil a base vous,
»Tot quand qe vous pleira sera compli por nous
A tot notre pusance, qi q'en seit enoious.«
190 »Or escoutés,« feit cele, »se sui dagne de lous;
Qar vos verés mervoille sor li feit merveilous.«
Illuec ne voust la dame son savoir escondir: IX
Veant le fil Pompiu elle fist oscurir
Les airs devers senetre, cum fust nuit por dormir,
195 E devers detre part fist le soleil luisir.
Pois veit por les carognes, qerant sans retenir
Se nul mort i ert entier par suen labor complir.
Adonc en trova uns qē ancor ert entir;
Qar de qart zorn avant l'avoient feit morir
200 Li Romeins entre lour a un fier asailir
Qe fist la giant Cesar por la Pompiu sconfir.
De cil veut Heriton sa besogne fornir:
Souz le menton li fice un clocet a leixir,
Après soi le traīne trosqe suen cimentir,
205 Le cief s'envirōna de serpes e de tir,
E sa coroie ausi fu d'autretel remir;   [3b
Nuls hom ne la veīst q'aūst talant de rir.
Sextus e touz li autres, quand la verent venir,

---
168. vainzra.   181. Ao mond ne montagne.

Par pui ne se mistrent de peor a fuïr.
210 Mes Heriton li dit: »Ne vous stuit esbaïr,
Maovès failis de cuer; qi vous feïst zausir
Touz les paines d'infern, qe nul ne poroit dir,
E Cerberus, porter de l'infernal martir,
E tretoz les diables, ne deüstes fremir,
215 Tant qe fuse pres vous; ce vous pois bien plevir.«
Qand celor oïrent la dame ce çeïr. .
Trestuit se confortent e repristrent ardir.
  Sextus s'est conforté, quand celle l'aseüre   X
Qe diable d'infern ne male creature
220 Ne li pora nuisir, ne fer mesaventure.
Heriton feit ses sors, li diables conzure:
Plus de X mil vienent ond tot l'aire s'oscure,
E dïent: »Zantis dame, vailant outre mesure,
De vetre talant fer nul de nous ne s'en plure.«
225 Alour dit Heriton: »Se de moi avés cure,
E se mais vous servi a tote ma droiture,
L'arme de cestu cors që anc n'oit sepolture,
Feites tost retorner en sa prime stature:
Qar çe le veul querir d'une fier aventure.«
230 E celour respondrent: »Dame, ni aiés rancure,
Qe quant qe vous voudrés saurés de verté pure.«
  Li esperis s'en vont pour fornir lour mesaze,   XI
Mes l'arme nen tornoit tantost en l'abitaçe
Ou Heriton voloit, ond mout oit grand ontaçe;
235 Lour çeta un tiel cri desouz une crevaçe,
Meneçant as diables, cum estoit suen usaçe,
Qe l'infern en fremist, le pui e le boschaçe.
A cestu mot fu feit suen buen sans demoraçe:
Qar plus tost ne poroit l'en signer suen visaçe
240 Cum l'arme retorna ao primer aubergaçe;
Ond le cors mantinant leva en droit estaçe,
Ausi movoit li membres, cum fust vis sans folaçe,
Mes des oil larmoioit remembrant dou pasaçe
Ch'ancor li stuit torner en l'infernaus ombraçe.
245 Lour le fiert Heriton d'un serpant por grand raçe;
Après ce si li dit en le romain lengaçe:
»Diva, di moi le voir oiant tot cist bernaçe,
Qe se dit en infern de le romains lignaçe,
Qi vaincra cist estor, qi aura plus daomaçe.
250 Ci est le filz Pompiu, q'a mis tot suen coraze   [4a
Por savoir qi vancra en cist crueus viaze.

---

218. se conforte, vgl. 508.   226. tort.   249. vainsra.

Se tu moi dis le voir, tu en aurais tiel gaze
Qe ne te donrai brie en tretot mien aaze,
Ne por autre persone jamès n'aurais outraze;
255 Qe bruslerai ton cors tantost en cist erbaze
Par si feite mainere q'au mond n'est fous ne saze
Qe travailer te poise, tant par ait vasalaze.«
E celui respondi cum parolle saovaze:
»Vetre voloir ferai cum sers pour signoraze.«
260 En estant fu le cors por devant Heriton,   XII
E le sperit dedans començа suen sermon
E dist: »Escoutés tuit, qar le voir vous diron,
Selong ce qe se dit en l'infernaus maixon:
Li Romains trepasé font entr'aus grand tençon
265 Por Cesar, por Pompiu ch'en tel descordeixon
Ont mis touz li Romeins ond ni auront garison.
Qar pers e fils e freres s'oncirent, ce savon.
Silla e Camilius e l'ardis Curion
E Sipion le prous che fu oncle Caton,
270 E maint autres preudomes ond çe ne sai le non,
Plurent e regretent ch'il mora ci a bandon
La joventé de Rome sens nulle reançon.
L'orgoilous maine zoie de suen niés a fuson,
Cê est Brutus le prous qe sens engombreson
275 Estordra de l'estor e ferra Cesaron
Ao romein capitoille ond mora le baron.
Tous li Marsiliens e Maurius le felon
Mainent çoie por ce qe auront plus compeignon,
Ond qe tout le confort q'avoient li preudon
280 Li revertra en duel, e li maovès gloton
Ch'estoient en dolour auront confortexon.
Tu, jovençaus, qe veus savoir la fenison,
Ne tu nē anch luen per ne mora or a cist pon.
N'aura plus seür leu Pompiu en tot le mon
285 Com aura en Tesaille en la fer capleixon.
Asés perdra tuen per de biens e de garçon
Qe in infer aleront, mes tiel aflicion
N'auront cum ceùs de Cesar, nē anc si grand fricon;
Qar li sires d'enfer ja prestrent fier prison
290 Cesaron e Pompiu ond fesons mencion.
Le uns aura sepulture pres l'eve d'Egiton,
L'autre l'aura en Rome, pres le metre dojon.
Je ne t'en sai plus dir por aucune ocaison.«
A cist mot se restraint e feni sa raison.

---

276. Ao seçe chateline.

295 **R**espondre ne veult plus le spirit, anz fremist; XIII [4b
   Qar volunter istroit de cil cors mort e trist,
   Mes nen poroit ensir, se Heriton ne vousist.
   La dame liet si carmes, e l'arme dou cors ist,
   E mantinant retorne en l'infernal balist;
300 E quand sourvint la nuit qe l'aire se scurist,
   Heriton prist le cois, dedans un feu le mist.
   Quand tretot fu bruslé, la poudrere reprist
   E ao vent la jeta, cum a l'arme promist.
   Avant qe ce fust feit, selong qe l'auctor scrist,
305 Fu pasé mie nuit e plus, qi voir dixist.
   Sextus dit a la viele: »Dame, s'il vous pleisist,
   Je voudroie torner a mien pere après cist.«
   »Volunter, biaus ami,« Heriton li redist,
   Mais je vous condurai chē aucun ne perist;
310 Qar la nuit est oscure, e s'il adevenist
   Che la giant Cesaron a nuit vous sorvenist,
   Jē ai mout grand doutance q'il ne vous mesvenist.
   Pour ce vous amenrai pour delez cil rubist,
   Ond qe ne dolerés home qe mais nasquist.«
315 E Sextus la mercïe, e dit che bien zeīst.
   Donc alerent ensamble qe riens ne lour mesfist.
   Quand il furent en l'ost, Heriton conçé quist,
   E ceus la mercierent dou bien ch'elle li fist.
   Heriton s'en torna, qe plus demor nen prist.
320 Sextus remist pensis de ce qē il aprist;
   Qar de suen per se doute, qe se l'estor perdist
   Jamès n'auroit honour de tant cum il vesquist.
   Adonc aparuit l'aube e le çorn resclarist.
   Irés, dolans e morne, coroçous e pensis   XIV
325 Estoit le fil Pompiu por le dit le speris.
   Alour proie celour q'avoient cē enlis
   Ch'il n'en dïent noiant a nul dou segle vis,
   E celour respondrent: »Nen soiés esbaïs,
   Qe ja ne le saura pour nous grand ne petis.«
330 Quand l'aube fu crevee e le çorn esclaris,
   A la tende Pompiu sont venu — ce m'est vis —
   Qar le prince levoit duremant esjoīs
   D'un ensogne ch'il fist quand il ert endormis:
   En vision li fu q'il ert a grand delis
335 En la cité de Rome e suen cors ert asis
   En la plus aute sieçe la ou il [fu jadis],
   Quand il oit les vitoires desour ses enemis

---

298. carmens   321. morne e coroçous.

D'Espagne e d'Egit e des strances devis;
E ce fu en l'aaçe de trentē ans complis.
340 Environ lui furent tretuit ses buens amis, [5a
Li rois, li senators, li princes, li marchis,
E portoient son nom trosqe les airs seris,
E tout le mond entier sembloit a lui souzmis.
Mes ce fu faus ensogne — par voir jel vous plevis —,
345 Che mais ne revit Rome, ne Rome lui neīs.
Bien la cuidoit veoir — de ce soiés toz fis! —
E Rome lui ausi, q'avant q'il fust partis
Se seroient ensamble baisé ē acoilis.
Les dames, les pulcelles, li jounes, li flouris
350 Le cuidoient ancor veoir sans ē aitis
E ch'il deūst sa vīe fenir en cil païs.
Qar bien i auroient feit tel honour, tel servis
Com ferent au duch Brutus, cil qe Tarquin maomis.
Bien l'auroient veū, se fortune vousis;
355 Mes tant li fu contraire qē a mort le tramis
En le païs estrançe das culvers maleīs.
Ce fu mout grand daumaçe quand le pople remis
D'un si buen condutor orfanin e mendis.
Mout fu zoiant Pompiu — ce sacés tuit! — XV
360 Por cil ensogne q'il avoit fet la nuit;
Donc se leva dou lit a grand desduit.
La veīsés mant barons de grand bruit
Q'a lui vestir se penerent tretuit.
Quand fu vestus, il ne samble — ce cuit —
365 Fil a borçois ni de foble conduit,
Mes plus ardis qe lion qand engluit.
Dou treu s'en ist qe des peles reluit,
O lui de ceus q'a plus valoir conuit.
Mes suens Romeins furent mornes e muit
370 Por la bataille qe Pompiu ne comuit.
Dit l'uns a l'autre: »Pompiu nous a seduit,
Quand ci nous tient e la bataille fuit.
Pieza fusent nous enemis destruit,
Se cist vousist qe nous tient e recluit.«
375 Mais lour cetis ne savoient le enuit
Ne le grand duel qe en celu jor li cruit.
A grand mervoille sunt irē li Romans, XVI
Ceus de Pompiu, le noble cevetans,
Pour q'il est tant de l'estor soferans.
380 Dist l'uns a l'autre: »Qand serons combatans?
Pompiu nous veult ci tenir a tout tans
Por etre sempre des Romens condusans

E notre prince e notrë amirans;
Qe tant cum nous serons Rome luitans,
385 Sour nous pora fer e dir siens talans,
E se fusons a Rome retornans, [5b
Ja ni auroit a justixier tiel zans;
Und qe se ensi gardons as suens comans,
Jamès a Rome ne verons nous enfans.
390 Alons a lui sens nul delaiemans,
Si li serons de l'estor remembrans!«
A ces paroules s'en vont comunemans
Ao tref Pompiu qe mout fu flamboians.
La leverent un cri or engalmans
395 Querant bataille ond erent dexirans. —
Ai lour cetis, mal eüré, dolans,
Q'avant midi en seront repentans! —
Tulius, li prous, le saze e le vailans,
Le cui consil fu sour tretouz creans,
400 Et le consil cestu — soiés certans! —
Parti da Rome Pompiu veraiemans;
Qar suen savoir — ce nous conte Lucans —
Avoit xamplis li Romens pluxor ans
E delivra la cité da les mans
405 De Chateline e da siens ovremans;
Pour cë estoit cremus e bien voilans;
Quand il oï le cris e le bubans
Qe fesoient chivaliers e sarçans,
Droit a Pompiu est venus erramans,
410 La li dona tel consil de prexans
Und alerent maint enfant mendisans
E mantes terres furent sens gardians.
Dist Ciceron: »Pompiu, entend a moi! XVII
Qar buen consil çe te donrai, ce croi,
415 Por exaucer l'onour de notre loi
Und zaschuns a grand voloir endroit soi;
E si sai bien, cum je conois e voi,
Qe ci porpanses tutor de buene foi
A guiredoner Cesar de suen foloi,
420 Qe nous mantient la guere por desroi.
Or te dirai tot ce qe dir te doi:
Li duc, li princes e ceschun sire e roi
E touz celor qi sont en tuen convoi
Te requierent e prïent sens bufoi

---

411. alirent; vgl. 7. 316. 1992. 2605 sowie 28 Formen der 1. Conjug.
auf erent.

425 Qe sivir doies de buen cuer sens enoi
    Ce qe fortune te requiert ceste foi:
    Soufre qe Cesar seit or mis en effroi,
    Qe tient le mond en duel por suen orgoi.
    Mout doit peser a cestour ch'ais o toi,
430 Qand sa vitoire ne veus metre en otroi.
    Se tu vousistes vers Cesar le tornoi,
    Il seroit pris cum oiselet au broi;   [6a
    Qar il n'a giant ver le notre coroi:
    Plus de cent somes la ou celor sont troi.
435 Comant veus-tu contrester e por qoi
    A tot le mond? duremant m'emervoi.
    Ceschun paumoie lancē ou dard turqoi
    Pour convoitise d'encontrer sour l'erboi
    Cesar e ceus qui font de nous gaboi.
440 Bien sembles foble a remanir si qoi.«
    »E tu Pompiu« - ce dit celui ancor —   XVIII
    »Ou est alee la force, la valor
    E la proēce qē ais eü tot çor?
    Est-ce le gre qē ais as diex desor
445 De les victories qē eus t'ont feit avor?
    Qē ais conquis le regne strançeor.
    Egipt, Espagne e des autres plusor
    Ne t'ont failli jamès en nul labor,
    E hor ni ouses entrer soz suen color
450 En la bataille ne comencer l'estor.
    Adonc tiens tu fable de jugleor
    L'aute querelle de ceschun senator;
    Q'a tuen maogré te font eus vençeor,
    Se tu fais ce q'eus te prient des or.
455 Nous ne t'avons esleü a retor
    Por tuen bien propie, me seulmant por l'onor
    Dou frans comun q'il nē ait desenor.
    Donc le devons defandre vers celor
    Ch'enci nous cuident honir por lor folor.
460 Tretouz les autres nous apellent francor.
    Devons-nous perdre tel nom por tel freor?
    Se tu ni i veus venir, soces de vor
    Qē alerons a l'estor sans demor
    A tot l'ensagne de toi e tes ator,
465 E si vencrons en pui d'ore li lor.
    Or te porpanse, stu en serais peryos,
    Se nous vencons sens toi q'eis guieor.

---

441. Pompeju.   467. vençude.

Tu nous devroies semondre sans peor
De la bataille cum vaillant pugneor,
470 Pour ce chē eis de touz nous condutor
E a toi sunt li grand e li menor,
E tu nous tiens ci en cetis seçor.
Tu ais volor che ceschun ferior
Da toi se parte por vilté de segnor.
475 Und çe te pri por le romein amor
Q'il ne toi place de perdre le clamor
De ta franchise e de tuen grand vigor; [6b
Qar sour li buens eis tenu le greignor.
Qi bien comance e por foble tenor
480 Veit empirant, cil ne vaut un tambor;
Mais le vailant doit etre proveor
Dou bien xamplir, quand est comenceor;
Qar en la fin se conuit le meilor.«
Pompiu gemist forment por le dit Tulius XIX
485 E voit bien qe fortune le veut [abatre] jus.
»Ei dieu«, ce dit le prince, »qand tant est devenus
Qe la bataillē est dexiree da tretus
E che fortune veut ch'ao mond soit confundus
Li droit e mis a fin, ze non puis fer refus.
490 Ze cuidoiē aler en camps cum rice dus
E mener a mien san li grand e li menus,
E eus amenront moi — de ce sui pourceūs.
Ze cuidole bien etre da tous le mond cremus,
Me simples e ceitis sui a cist pont tenus,
495 Quand outre mien voloir sont a cist feit moūs,
E se dao mien consil ne fussent departus,
A mout petit termin seroit Cesar vencus
Sens perdre mie de sang ond mout verés spandus.
Nous li avons por terre e por mer port tolus,
500 La vitaille li faut bien a dix mois ou plus,
Sa giant n'ont qe mançer, und mout sont esperdus,
Li spis mançent des blees q'ancor ont vert le zus.
Il ne seroit grand temps ch'e[u]s seroient venus
A qerir nous perdon dou mal q'ont comoūs.
505 E de ce veul je trer escrit qe soit leūs,
Che di[e] che sens bataille li avons abatus.
E se nous combatons, poons etre perdus.
Il n'est nient da proëce, da sens ni da vertus
A metrē em peril ce ond l'en est ao desus

---

488. cheo. 508. Das handschriftliche „ne' ist wohl verschrieben
statt „nē', welches = n'est.

510 Me pois q'il pleit as dies qe ce soit sorcorus
E che le mien consil ne veut elre creūs,
Muere qi morir doit, che ja ne dira nus
Qe por vilté de cuer çe soie recreūs.
Rome, Rome,« feit il, »a cist point ze m'escus
515 Qe n'amein mie ta giant a mort por mien salus,
Ainçois mainent eus moi, dolant e irascus;
Und ne me blasmes mïe, s'eus seront deceūs,
Qe mal ou bien qe viegne, nen veul lous d'un festus«.
»Aï fere fortune«, dit Pompiu souspirant, XX
520 »Par qoi m'as-tu victorie doné a mon vivant
Pour metre moi desous ao besogne plus grant?
Or suie bien certan qe tous li diex poisant [7a
Se sunt or acordé e fortune ensemant
A fornir la proiere qe Cesar feit veant
525 Or ait ce q'il demande; jel sai certainemant
Q'a pis ne poit venir cum il est au presant;
Qar de fam il moroit, se nous fuisons sofrant.
Bien poés vos savoir, se conoisés noiant,
Qē avant il voudroit morir ci a nous brant,
530 E il e tous ses homes qe de fam foblemant.
Q'en bataille se poit trover maint argumant
De defandre suen cors contre suen combatant,
Mes ver fam ne se poit contredir fors brevmant.
Plus li volés servir — si cum voi e entant —
535 Qe se vous li donastes tot l'onor d'Oriant,
Quand de suen jeu perdu le volés fer vencant.
Ne cuidés mie por ce qē aille ce disant
Por peor de mien cors fors per vos seulemant;
Qar por la foi qe doi as diex, un seul presant
540 Li voudroie querir de buen cuer avenant:
Qe çe morisse ci, e vous eusés garant.
Por cē ai destorbé l'estor tant longemant,
Por vaincre la bataille sans peril de tormant,
E por li jounes homes, ch'en ci avomes tant,
545 Q'il fusent bien apris de porter garnimant.
Que çoie, que victoire aurons de cist achant?
Qe bien qe nous vencons, nos remarons dolant;
Qe nous aurons tué nous freres, nous parant,
Und qe tretout le mond nos alera blasmant.
550 E qe honor aurons, se nous serons perdant?
A fobles, a ceitis nos clamera la çant,
Q'a un de lour nos somes — ce savés — plus de çant,

---

522. vgl Einl. Abschn. 12 Anm.   536. vençant.   547. vençons.

Und qe vancrē ou perdre seromes maleurant.
Qe çoie doit avoir nul home conoisant,
555 Quand il vera le per jotrer a suen enfant,
E l'un frer enver l'autre ferir de mautalant?
Tretot le plus ardi cançera suen semblant.
E cē est l'ocaison — se diex me soit aidant —
Porqoi voudroië etre dou tol a fenimant,
560 Pur qe vous entornastes tretuit a saovemant
Cum honor, cum victoire, lies e gais e çoiant.«
Il n'oit plus tost Pompiu defeni suen consil,   XXI
Cum il oï crier a vois plus de cent mil:
»Pompiu, Pompiu, qe fais? Çaschun te tient a vil,
565 Quand tu ni ouses metre tuen cors en cist peril
Por mantenir l'onor de cist pople çentil.«
E quand Pompiu li entand, si dit: »Ai dies nobil,
Se deūse morir o tot mien plus cer fil,
Ze ne desdirai plus de l'estor aucun stil.«
570 Lour ensi de suen tref e a sa giant dist il:
»Seignour, adobés vous de tout vous aparil!
Ensamble vous vindrai a ferir contre cil
Qe nous tient tant longor en duel e en exil.   [7b
Ne m'en pora reprandre nul hon, tant soit sotil,
575 Qe por peor de mort ne soit mien brand vermil.«
Soiés certains, seignor, e nel mescreés mīe   XXII
Qe Pompiu devinoit ce q'avint cele fīe.
Mes por non avoir blasme de nulle coardīe,
Il se mist a bandon cum cil ch'est en galīe,
580 Qe seit bien o il doit aler, en quiel partīe,
Mes por force de vant convint falir la vīe,
E se lasse mener, q'il n'a tant de bailīe
Q'il poisse contrester a la force qeo guīe.
La poīsés veoir la giant mout esfraīe
585 Por dotance qe Rome ne fust cil point honīe,
Ne Pompiu ne perist q'avoit la seignorīe;
Qar plus l'amoit ceschun qe damiseus s'amīe.
Ceschun amole lance ovoir espee forbīe,
E mistrent noeves cordes a lor ars de Surīe,
590 E enplent de saietes li carchois por aslīe,
Cescun ao miels q'il seit s'arme sans tricerīe;
E la fiere fortune qe mais n'est endormīe
Li demotra le zorn maint segnaus d'envaīe.
Volés oīr, s'il fist fortune des signaus   XXIII
595 Le çorn qe devoit etre le crueus batistaus?
Il devint tenebrous e ne lusoit solaus,
Foudres avaloient qe zetoient feu chaus

Pour desour l'ost Pompiu, le prince principaus;
Lour armes fumoient cum boce de fornaus,
600 Maintes nues de mouches desendoient sor aus,
Pongant plus qe maoffès, e ferent ties asaus
Qe elles abatoient maint homes e civaus,
E sembloit qe li mons combatissent entr'aus:
Heumus, Pindis e Ouse e Parnasus li biaus —
605 Ces quatre mons circumdent tot environ cil vaus
E që un flum de sang corist por un canaus. —
»Çe ne sai«, dit Lucan, »se Cesar le çornaus
Avoit feit sacrifice as dies ou a li faus
Qe fortune mostra tant signaus por engaus.« —
610 Une vois se leva, disant as buens, as maus:
»Ferés e ouciés, trou fctes long estaus!«
Unë ombre voloit por l'ost en comunaus
Q'a ceschun resembloit son parant droituraus
Që estoit trepassé dou temps ancionaus. —
615 Ancor nous dit Lucan qe sor mons Auganaus,
Joste le flum Brente ch'est cler cum fust cristaus,
Ou Anthenor ferma suen leu e suen casaus,
Estoit a celu pont un metre naturaus
Qe plus savoit des sors qe nul home carnaus;
620 Quand il vit ces grans signes, si parla tot en aus
A ceus q'erent o lui, e dist: »Ce n'est a gaus!
Ou Cesar e Pompiu font hui l'estor coraus,
Ou hui se mesleront li alimens entr'aus,
Ou nature voudra cançer tot ses corsiaus.« — [8a
625 Mout furent ceus deus princes de valor generaus,
Quand per lor aparuit tant grand signes mortaus. —

    En dementier qe l'ost doit dexendre en la plaine, XXIV
Le mau temps se depart, e vient l'aire seraine,
E le solaus mout raie vers ceus qe Pompiu maine:
630 Lor armes flamboient come stoille diaine.
Quand Pompiu fu monté sor le detrer d'Aubaine,
Tantost fist desploier l'aute ensegne romaine
Q'avoit le çans vermoil plus qe color de graine,
A quatres letres d'or qe font la gient certaine
635 Qe cellë est l'ensagne a la cité sovraine;
Des aigles sens corones avoit li bande plaine;
Egidius l'aporta q'avoit valor e laine.
Après depart sa giant Pompiu le cevetaine,
Non por ordne d'eschille, mes por mainere straine:
640 En quatre part li mist — cum l'autor nos displaine —

---
609. fortuna.   629. rage.

Por encloir e sorprandre la gient Cesariaine.
A Lentulus dona la partie primeraine:
Plus furent de cent mille, d'un cuer e d'une vaine.
Domicius le pros i mist valor e paine
615 A condur l'autre part cum une cere saine.
Pompiu fu en la terce ou la gient plus autaine.
Caton e Scipion furent en la quartaine.
Tant avoient grand giant qe persone mondaine
Ne li poroit nombrer en tote une semaine;
650 Qar o lor avoient la gient mirmidiaine,
Après celle de Libie e anc la Suriaine,
E de celle de France i avoit covert laraine;
D'oriant, d'ocidant i estoit la giant procaine,
E d'Aise e d'Europe e tote l'aufrichaine;
655 Si li furent des Turs une jeste vilaine;
Iluech furent li princes q'avoient en demaine
Por le voloir de Rome celle grand gient terraine;
La fu roi Heugarem de [la] giant hermiaine,
E roi Chaoigrames o sa giant indiaine,
660 E Farnals le roi d'Aise, e cil de Macedaine
E le roi des Greçois e le roi Tiragraine
Q'avoit en suen demin la terre persiaine,
E roi Camilion, plus zoiant d'une aiguaine,
Qe tenoit toute Mouse, une contree lontaine,
665 E roi Balan ausi q'avoit la mariaine
De Indie la menor, une terre anciaine,
E Tersamechabain qi estoient la graine
De tous ceus d'oriant e de bonté fontaine.
De rois, de cuens, de princes i avoit une tel traine
670 Q'a poine le creroit creature humaine,
Qe por amor de Rome portoient grand haaine
A Cesaron le prous e a sa gient foraine,
Und pois en furent tuit a la fin dereaine.
Rome poroit bien dir si ne mentiroit pais XXV [8b
675 Qe ja mais n'oit tiel gient por ferir a un fais
Cum elle oit en Thesaille — ne ne croi q'aura mais.
Cesar ert a cil point ensu dou tref d'Arais,
Ricemant adobé desor un detrer grais,
E avoit feit armer li buens e li maovais.
680 Cançer voloit estal — nel tenés pas a gais! —
Por atrover vitaille ond i avoit grand mesais.
Quand vit la giant Pompiu dexandre jus ao bais,
Ne fust pas si zoiant por tot l'or de baudrais:
»Aï, diex soverains«, dist il, »tot cil solais
685 Që ai tant dexiré voi venir plus q'ao pais.«

Mes quand oit bien veū des chivalers le tais
E la gient dē Europe e d'Afriche e d'Arais.
Tot ce qē ardimant i avoit promis, fu cais,
Ch'un pue se refroida e devint auquant lais;
690 Mes por ce nen motra niēnt de cil forfais,
Anz prist a conforter sa gient de cuer verais.
  Or vous veul reconter, selong qe nous trovons, XXVI
Se Cesaron aprist noblemant ses barons.
Envers eus se genci, si lour dist ces sermons:
695 »Segnors, frans chivalers, qe grand part de cist mons
M'avés aidé conquire jusqemant a cist pons!
Mien honor, ma victoire, ma hontē e mes bons
Gist tot entre vous meins e en vous grand renons.
Le çorn de la bataille qe tant dexiré avons,
700 Li diex, e la fortune si nous en font li dons.
Cist zorn me fu promis au flum dou Rubicons,
Quand trovames l'en strance seant sor le perons,
Qe nous motra la voie, sonant a mout fier tons.
La me feïstes vous tretuit promesions
705 Qe vous moi aidaristes cum loiaus compeignons
A xamplir mien trionfe, e por tel ocheisons
Avons pris contre Rome armes e garnisons.
Cist zorn demotrera qi a tort ou raisons:
Se nous somes vencus, tuit diront qē aurons
710 Grand tort encontre Rome, qar ses terres gastons;
E se vencons cestor, da tretuit droit aurons,
E diront q'a grand tort exilé nous erons;
Donc aurons la droiture, se proudomes serons,
E por la foi qe doi as diex qē adorons,
715 Poubre voudroiē etre cum pobres vestisons,
Cum un bas citeïn qe n'a tors ne maisons,
E vous eusés victoire sor nous nemis felons
Qe a noiant nous tienent e pis qe fous garçons.
Pensés ch'en band nous somes tenus tant ao de lons,
720 Qē onqes mes a Rome nous ne retornerons
Se por bataille non. Adonc soiés proudons!
Ch'ao ferir des espees cist zorn recobrerons
Nous fames, nous enfans, nous terres, nous dojons.
Ci sont asemblé homes de tantes legions [9a
725 Qe l'uns ni entand l'autre de guere ni de sons.
Qe caut a ces estrances, se perdons ou vencons?
Ja ne font de lour gre ver nous ceste tençons,

---
687. Africe, vgl. 1249. 1766. 2083. 2205. 2476.
691. anc. 717. enemis. 726. vençons.

Mes pour force le font — de verté le savons;
Volouter cançassent segnor e licions
730 Por menoïr li fiés q'eus font sans reançons.
Por q'eus soient asés; ni aiés doteisons!
Qe nulle giant por armes en eus ne troverons,
Fors un pue de Romens qe sont d'armes semons;
Li autres ne pris je valixant dous botons;
735 Qe a la primere jotre trestuit li conquirons.
Qe vaut ces barbarins, ceus Turs, ni ces sclavons
Qe bersant lor saietes, s'i fuient cum geldons?
Grand bien sera au mond, se nous li ocisons;
Que da maovese giant fera desevresons;
740 E des nemis de Rome ferons destrucions,
Qe por li lor treū li portent ailexons.
Je vous ai tous eslis a loiaus campions,
Si savés de batailles, d'estors, de caplexons.
Or pensés cum cestor [i] motreront lor frons!
745 Qe eus ni ont porté armes en toutes lor saisons.
Si maovès, si failis a cist pont li verons
Qe quand aurons vencu, por verté vos dirons.
Qe noiant aurons feit ne honour ne voudrons.
Il est droit e raisnable q'a Ponpiu demotrons
750 Qe li trionf q'il a eū mainte staixons
Il ne fu dagne couse, qar bien le conoisons.«
»Ne soiés pas dotans!« dist Cesar l'ensené, XXVII
»Qē ai si vous proēces vers nous nemis prové
As batailles de France e des autres asé,
755 Q'il n'i a nul de vous, ne strançe, ne privé,
Cui ne saüse dir, s'il me venist a gré,
Comant il soit ferir d'espli e de brand letré;
Und qe je sai en vous tant valour amasé
Qe je n'ai mie dotance qe vous bien ne vencé.
760 Il m'est avis qe ie voie le·sang de ces maofé
Corre pormi ces vaus plus qe flum per fosé,
E che voie afoler ces rois incoroné,
Les duch, ces senators qe tant sont forsené,
E che soiomes tuit dedans lour sang bagné.
765 Ze ne vi onqes mes de pris si grant bonté,
Coment li diex nous ont ci droit aparillé;
Ch'entre nous e li lour n'est un camps mesuré.
Ze sui celui miēsme, se vous bien la feré,
Qe vous pora doner çatieus, bors e cité

---

729. cançessent.   735. le conquirons.
760. vgl. Anm. ru Abschn. 12 d. Einl.   762. afolor.

770 E l'avoir de ces rois qe ci sont asemblé.
Hor pensés, se perdomes, cum serons demené!
Nous cors seront por terre vil[e]mant traïné,
Pour li mercié de Rome seront nous ciés porté,
Pour plus honte de nous sour li paus aficé,
775 E plus vilainemant nous serons afoulé [9b]
Qe Silla ni afolla ceus qi erent envoié
Por Maurius a Rome avant q'il fust torné;
Qar il fu suen disciple dan Pompiu — ce sacé —
Und seroit droit q'il fust suen metre segondé.
780 Por ce me prand de vous tre mout grand pieté.
Gardés qe non fués, qe m'auroie tué
Avant qe ze fuïse de plain pié mesuré!
Ze voudroie mout bien qe l'onour fust torné
A la part de celu q'a mains de crüelté.
785 Vos savés bien sē ai des homes espargné
Qe pooie oncir, por le temps trepasé.
Mes Pompiu ne motra amor nē amisté
Ao zatieus de Duraz ou nous fumes maté;
Qar bien furent leur brans en nous cors saolé
790 Por destroite dou leu ou nos erons entré.
Ne fetes pas ensi, ançois esparagné
Tretot ceus citeïns q'auront spalles motré,
E celor qe ver vous auront glaive drecé.
Ni soit nulle merci, mes tretous li trencé!
795 Ferés les si fiermant, cum seront encontré,
Qe seul por vive force il soient sbaraté!«
Je ne croi pas qe Cesar eüst son dit finé
Si tost cum fu zascun de ferir apresté;
E fu zaschun si pront de fornir cestu plé
800 Cum se zaschun fust Cesar q'avoit la pöesté,
E se deusent avoir euē sa dignité,
Ne sai plus cum in fusent plus fort encorajé.

Onour e gran victoire e segnorie magne XXVIII
Conquist Cesar le jorn ou sa noble compagne.
805 A Lelius dona la cremüe ensagne
Ou fu l'aigle de sable en doree zampagne,
Tretout encoronee de meilor or d'Espagne.
Cent mil bon chivalers — cum l'auctor nos ensagne —
Avoit Cesar de Rome, de France e de Bertagne.
810 De sa jent ne feit renge — qi veut si le repragne —
Ains li conduit serrés ensamble qe hom ne li pragne.
»Chivaler Cesaron« diront, c'est lor cetagne.

---
795. fieremant.   808. Honour.

Mes quand Pompiu li voit asemblé sor la plagne,
Sens nul ordne d'eschille, par fournir lour ovragne,
815 Duremant s'esmaia, si fu mervoille stragne,
Quand un si noble prince dotoit nulle bragagne.
Alor dit en son cuer : »Ceschun des diex m'ençagne,
Si voi qe la fortune ne veut plus qe remagne
In l'onor ou je sui, ond mien cors s'en desdagne.«
820 Mes de ce non motra niënt le cevetagne ;
Ans regarda li siens cum la cere grifagne,
E ceschun vcoit lui — ce fu zonse certagne ;
Qar sor un grand detrier qi li vint d'Alemagne
Estoit monté le prince, tot covert d'entresagne,
825 E dist : »Veés, signor, la glorie soveragne
Q'avons tant desiree ! Adonc nul ne s'enfangne ;   [10a
Q'a le derean stor somes, qi qe s'en plagne.
Cë est la fin dou geu ; qi adonc le gaagne,
Jamès n'aura mestier qe de rien se complagne,
830 Ne jamès n'aura sogne qe gerre li sorvagne.
Cist zorn fera çaschun retorner en suen ragne
Ensemble lor masnees, und ceschun moul se lagne.«
 Ilucc non fu Pompiu de sermoner [trou] lent :   XXIX
»Segnor barons«, dist il, »je sai certainement
835 Qe li diex conduront nous fers miësmement
Parmi le cors Cesar e des suens bienvoilent.
S'ensi sunt droiturers li diex, cum çë entent,
Bien nous donront victoire encui proçainement ;
Qar nous avons droiture ver Cesar e sa jent.
840 Cuidés-vous qe li diex droiturers e poisent
M'aüsent feit avoir tant noblisme present
De trionf, de victoires, cum ai eü souvent,
Por obliër moi ci en le grignor torment?
Veés se nous devons avoir grand ardiment !
845 Q'il est ensemble nous tout le mond voirement :
Li rois, li duc, li princes a cui honor apent.
Cuidés qe les matrones de Rome por noient
Soient deschevelees en duel e en dement,
E li veilars qi sont remés tous foblement,
850 Qe ne pöent porter armes ni garniment,
Qe sunt en çenoilons proiant moul tendrement
Qe li diex si nous dont victoire lïement?
Se Chamilius, Decius e Caton ensement
E Scipion e Silla qe honor amoient
855 E tretous li preudomes qe sunt mort vivisent,

---
821. cu.   853. Chamilius e Decius.

Tous vindroient ici, se morir deüsent,
Por mantenir l'onor de Rome propiement,
Com eus ferent jadis quand eus vis estoient;
E ceus qe sont a netre volonter seroient
860 Ensemble nous ici, se fer le poïsent,
Por remanir pois frans a tretout lor vivent.
‹ Se nous l[i] aferons bien au començament,
Pois ne i aura mestier trou grand esforcement,
Q'a troi de lour nous somes — ce savés — plus de cent.
865 Moi, ma fame e mes fils e ceschun mien parent
Si sont tous en vous mains, und vos pri doucement
Qe vous ne me laisés honir por nul convent;
Qar se Cesar venquist, je sai veraiement
Që en exil seroie tot delivreement,
870 E pour ce si vous pri de buen cuer avenent
Qe se je sui sté frans en tretot mien jovent,
Që or en ma veilece ne remagne servent.
A ce qe ceschun soit en l'estor conoisent,
'La franchise de Rome' crïerons autement.«
875 Quand ceus l'orent oï parler tant omblement, [10b
Trestous li plus ceitis pristrent confortement;
Lour saixirent lour armes sens nul delaiement.
Quand tous furent monté, tantost s'adrecerent
Ver la giant Cesaron, e celor mantinent
880 Venoient ver cestor, espris de mautalent:
L'un aloit enver l'autre por le henortement
De Cesar, de Pompiu che li semonoient;
Mes ne savoient pas q'a la mort prosmasent;
Qar cil zorn miësme tant de lor morirent
885 Qe pois de mout grand temps — se le livre ne ment —
Ne se trovoit nus home en nul habitement
A fors qe enfans petis e fames seulement;
Li temples e les loges ou mout conversoient
Remistrent totes vues, qar nus n'i trovoient,
890 Q'en le camps de Thesaille tretous mors remistrent.
Seürs soiés tretous qe jamès tel bataille, XXX
Tant fere, tant orible, tant forte, tant mortaille
Ne fu da pois qeo mond oit primer començaille,
Con vos porés oïr avant la desevraille.
895 Celle qe Anibal fist, ou fu si grand frapaille,
Quand il se combati ver la romaine taille,
Ou tant homes furent tués a l'encontraille
Qe bien troi mill d'anieus mesurerent sens faille,

---

885. E pois.   891. seioies.

Qe des dois hosterent as mors en la praaille,
900 Ne fu noiaṇt a ceste qe fu dedans Thesaille.
Quand l'une part e]'autre furent a l'asemblaille,
E l'un parant veoit l'autre por la visaille,
Tretout le plus felon a cil point si s'esmaille:
Lour glaives retienent, ni a cil qe prime asaille,
905 Miësme Cesaron, chui q'en plur ou chi en caille,
De p̄ieté q'il oit s'i fist la face paille.
Pois qe li host furent asemblés front a front, XXXI
E qe nul ne voloit comencer a cil pont,
Un des chivaler Cesar, qe fu ardis e pront
910 E fu nés d'Alemagne — cum l'istorie dispont —,
Crastinus avoit nom e fu marchis e cont,
Cist n'atend a pieté, ançois suen detrer pont,
Paumoiant suen espli as autres feit conçont,
Fiert le marchis Heurac desour l'eschu reont,
915 Celui de Brandeborg, a cui mant homes sont;
L'eschu e l'aubers li trance e le cuer li deront,
Mort l'abati a terre, tot qoi delez un mont.
»Chivaler Cesaron« cria de cuer perfont,
Après a treit le brand, por peor no s'escont,
920 E se fiert en la presse e oncit e confont.
Donc brocent tous les autres, qe plus demor nen font,
Und l'estor comença, q'anc tiel non fu au mont.
Oï avés en peis e en silance, XXXII
Cum Crastinus començ̧a la bubance,
925 Und le maudit Lucan en sa sentançe: [11a
»Ai Crastine‑ feit il, »cum grand mescançe
Tu començais ao ferir de ta lance;
Qar tout le mond estoit a l'asemblançe,
E nē ert nul de tant felē entançe
930 Qe por ferir s'ardist fer comovançe.
Mais tu crueus felon sen pietançe
Ne regardais amor ni amistançe,
Ainz començas une tiel destinançe
Que tout le mond reverti en viltançe.
935 Li diex dou ciel, che sour tous ont puisanze,
Ne te doint mort por fer de toi venjançe,
Qar ceschun home stuet morir sens enfançe,
Me pues ta mort te rendent conoiscançe
De ce ch'ais fet e digne penetançe!«
940 Quand li barons verent la desfiançe

---

913. feat, vgl. feit (160. 221. . . . . im Ganzen 81 mal).
916. le deront.

Qe Crastinus comença sens tardançe,
Tous brocerent sens nulle demorançe:
De dars, de lances, de esplis sens acotançe,
D'aces, d'espees ferirent por airançe;
945 Grailes e tubes pour tout en comunance
Ferent soner pour tiel desmesurance
Qe vent tonant — ce sacés por certance! —
Ne fust oï par aucune sustance;
Tant voloient saietes a l'urtance
950 Qe nulle nue por nulle continance
Ne auroit ja feit sor eus tel oscurance.
Mant buens vasaus fesoient desevrance
De cestu mond, ond fu grand engombrance.
Rués, versés a terre a cil pont sans respit   XXXIII
955 Furent plus de C mille homes de grand profit.
Une si grand bataille jamès home ne vit:
Les batailles de Thebes e de Troie e d'Egipt
Furent noiant a ceste — cum nous trovons escrit.
Li homes Lentulus — segond qe Lucan dit —
960 Furent si afarous de complir lour delit
Q'ao devaler dou piu, sans autre contredit,
S'encontrerent ensemble serés en un habit,
Und qe ceschun estoit ens li suens tant afit
Che suen vis ne p[o]oit torner grand e petit
965 Por ferir siens contraires, ond cescun en fu aflit.
Lour amis feroient, ond tot le plus eslit
De la giant Lentulus fu a cil point desconfit;
Qar la giant Cesaron justemant s'en avit:
Entre lour ferirent, qi qe l'ait en despit,
970 Ferrant e abatant, qe ja ne i fu desdit.   [11b
A cil primer asaut fu grand la mescheüe: XXXIV
Qi li lançoit suen dard, chi sa lance molue;
Me tel jetoit sa lance, selong ma proveüe,
Qe voudroit q'ele fust contre terre ceüe
975 Sens espandre le sang de persone nascue.
La grand giant Lentulus est maintinant vencue.
Mout est fiere fortune a Pompiu sorcorue,
Quand sa primere rençe est si tost derompue.
Celle gient estranzere en devient si esperdue
980 Qe bersant leur saietes tutor drecent la fue.
Lour nemis li cacent, ceschuns li fiert e tue,
Si che dou sang de lour la terre s'enpalue,
Qar nul de lour n'atand plus cum bete cornue.

---

946. I feirent, d. Hdschr. hat 14 mal ferent, 2 mal firent.

Les autres legions sens nulle defandue
985 Brocent tantost ensamble, e ceschun mout s'argue
De venger l'autre giant ch'est iluec deceüe:
Qi fiert de dard, qi d'ace e chi de lance ague,
Qi li jeta branton, qi plombee li rue.
De dars e de saietes fu tiel la comovue
990 Qe desour la bataille sembloit une grand nue.
Tant homes versoient en la prime ferue
Qe nul non p[o]oit pas zausir d'erbe menue.
Une si grand bataille ne fu mais menteüe,
Ne jamès tant de giant ne fu en un camps veüe,
995 Cum fu dedans Tesaille en cil zorn confondue.

Mout par fu grand l'estor e la bataille fiere,   XXXV
Quand tous les legions furent a la frontere;
Qar tant barons li orent, cum ze oï retrere,
Princeps e dux e cuens e giens d'autre mainere
1000 Qe seul des rois seroit feit une mout grand schere.
Quand Cesar s'embati en la force pleniere
Qe Pompiu condusoit de sa giant droiturere,
Mout sofri grand bataille e non pas si legiere
Q'il nen perdist iluec de sa masnee plus cere;
1005 Qar tot la giant de Rome e la plusançonere
Avoit Pompiu pres lui e la flor de Baivere.
Cesaron lour s'areste por devant sa baniere
E dit as siens amis cum mout ardïe cere:
•Seignors, francs chivalers ne soit cil qe ne fere!
1010 Se nous poons pertir la legion primere, —
Qar de la giant de Rome i est une part entiere —
Mout tost sbaraterons l'autre gient estrançere,
De lour mors covrirons le plans e la rivere.•
•Sire•, dïent si homes, •ci n'a mestier proiere;
1015 Civauce pur avant, qar bien savons qe fere!•   [12a
Donc broce Cesaron crolant sa spee clere
E se fiert en la prese o sa gient batailere.
La veïsés tuer maint fils de buene mere
E ferir tot ensamble le cusin e le frere
1020 E le pere e le fil plus qe giant aversere.

Diés fere venture qe sorvint cil matin,   XXXVI
Ch'ensamble feroient li freres, li cuisin,
Le pople Capedocie, li Turs, li Barbarin,
Le roies l'Acopard, le Greçois e l'Ermin.
1025 Quand verent la giant Cesar ferir a tel traïn
E la lour prime rençe perir cum grand hustin,

985. secun.,   1012. esbarnterons.   1022. freres e li.

Tantost oblïerent la mainere, l'engin
Ch'a lour avoit apris Pompiu le palatin
De ferir en l'estor sens aucun cuer fraïn.
1030 Ja nen ferent noiant li ceitis de puit lin,
Ançois s'en fuïrent pour plans e por gaudin.
Fuant i bersoient saietes a venin,
Ferrant li lour meësmes, celle jeste Chaïn.
E la gient Cesaron a tretout lour demin
1035 Trençant li aloient sens nul autre termin.
Le sang de lour coruit plus qe flum a declin,
Und ch'en maint part nöent tot li plus aut roncin.
»O Thesaile, Thesaile«, dit Lucan en latin,
»Stu voloies de sang reamplir cist terrin,
1040 Bien pooies emplir cist vaus e cist zamin
Dou sang de ces estranges sen fer plus vil convin
E laser li Romans scamper de cist destin!
E se tu dexiroies plus le romans sanguin,
Bien pooies spargner ces stranges de grand brin,
1045 Q'ancor auroient tous a Rome feit enclin,
E si l'auroit servïe zaschun con bon veisin!
Mes tu ais volus metre tot le mond a tapin.
Rome! Rome! — feit il — onte m'est e haïn
A reconter l[a] onte q'a cil point te sorvin.«
1050 Domicius, Sipion e Caton ao chuer fin,
Quand veoient condur lour homes a mal fin,
Pres l'ensagne Pompiu de paille alexandrin
S'est ceschun d'eus retreit, irés cum serpentin;
Iluech a pris zeschun un roid espli acerin.
1055 Ja porés oïr jostre e cruël disciplin.
Retreit s'est mantinant zaschun qe plus se prise XXXVII
Pres l'ensagne Pompiu, iluech a lance prise.
Ja porés oïr jolre qe fermant fu requise,
Qe Luchan non escrist, mes bien por droite guise
1060 Le fist escrire Cesar, porqoi zascun le lise, [12b
En un livre q'il fist de sa noble conquise,
Che le feit des prodomes nos dit e nos divise.
Lentulus qe fu cef de la primere enprise
Percuit Baxilius qe fesoit grand mesprise
1065 Sour la gient qe Pompiu i avoit en garde mise
E tenoit un espli a un penon de Frixe;
Vers la ensagne Pompiu venoit por grand aitise.
Donc rogist Lentulus asez plus qe cerise,
Iror e mautalant li monta sans fantise.

1037. tot le plus.   1049. Vgl. 697.   1051. a male fin.
1054. acerim.   1058. feremant.

1070	Se Lentulus ot ire, segnor nen demandés, XXXVIII

1070 Se Lentulus ot ire, segnor nen demandés, XXXVIII
　　　Quand vit Baxilius q'avoit tant daomazés
　　　Les homes q'il avoit en l'estor amenés
　　　E si venoit ancor por fer Pompiu irés.
　　　Lor a dit Lentulus: »Bien doi estre hontés
1075 E si non sui daingn d'etre des senetor clamés
　　　Ne mais non doi tenir zasteus ne firmités,
　　　Se non vençerai ceus qe cist fel m'a tués.«
　　　Lor a pris un espli ch'un Romains i a portés,
　　　Droit vers Baxilius suen detrer a dricés.
1080 Baxilius vers lui s'en vint a grand eslés;
　　　La lance q'il avoit estoit plus lonçe asés
　　　Che celle Lentulus, ond primer l'oit tastés;
　　　L'escu l'oit pertusé e l'aubers desmailés;
　　　Mes Lentulus estoit souz l'aubers adobés
1085 D'une peus de choan qe estoit de tel bontés
　　　Qe fer nen poit trencer, tant soit bien atemprés;
　　　Bien li seroit l'espli parmi le cors pasés,
　　　Mes sor la dure piels convint etre pecés.
　　　Lentulus fiert lui un coups desmesurés
1090 Si che li schu li trence e l'aubers azarés;
　　　Pourmi le detre flans li a l'espli envoiés;
　　　Deus des costes li trence por dedanz le costés;
　　　A terre le trabuce e l'espli en a reusés.
　　　Puis en fiert Sabinus si l'a mort reversés.
1095 Après a treit le brand cum hom entalentés
　　　E veit ferir Goncel, un chivaler proisés,
　　　Che soudoier Cesar unçē ans est estés;
　　　Dou chief jusqe l'arçon l'a fendu por moités.
　　　Quand Cesaron le vit, mout en est corocés:
1100 De suen baron le poisse q'il i voit si navrés
　　　E de suen soudoier q'est a la mort livrés.
　　　Dex oilz prend larmoïer por mout grand pietés:
　　　»Ai diex«, dit le baron, »que vasaus adurés
　　　Est Lentulus le pros! Bien doit estre loés.
1105 E se Rome en aüst auquant de si esprovés,　　[13a
　　　Mal auroie Pompiu ne les suens encontrés.«
　　　　Une couse fist Cesar qe fu mout bien honeste: XXXIX
　　　Q'a Baxilius mena son destrer sens areste;
　　　E qatre chivalers ch'erent de grand poëste
1110 Dexendrent mantinant sens fer lonçe reqeste
　　　E l'aiderent monter en l'arçon de sa beste;
　　　Cesar li fist binder d'une rice sorveste,

　　1082. ont primer.　　1100. qil voit.

Ao pavilon le fist mener sans nulle feste;
Qar mielz il l'anìe vis — cě est rien manifeste —
1115 Q'a mort en la bataille ně en nulle tempeste.
Après jure Cesar as dies e a sa majeste,
S'il ne venze ses homes, q'il ne vaut une veste
Ne non doit mener giant por plans ne por foreste.
Lour a pris un espli cum la cere rubeste
1120 E broce le detrer cum hom de franche jeste.
De vençer ses amis mout ricemant s'apreste;
Qar fortment li sembloit la zose desoneste,
Quand voit suen soudoier q'a ensi partie la teste
E Baxilius ferus, ond grand irc l'aheste;
1125 Mes mout bien le vença avant hore de sexte,
E tel non avoit coupe qe sofri la molleste.
En mout grand dexirance fu le baron real   XL
De vençer ses amis qe erent mis ao terral:
La lance paumoiant, roje come coral,
1130 Veit querant la venjance cum prince natural.
Eugarem l'a veü qe li voloit gran mal;
Ce fu sir d'Arminīe q'est le plus aut regnal
Qe soit devers levant — ce vous puis dir sens fal —.
Tot droit vers Cesaron a dricé suen cival;
1135 Paomoiant son espli ond li fer fu pognal
Veit ferir le baron sor l'escu a esmal:
La lance peçoia, le torson chai a val.
E Cesar feri lui por grand ire mortal:
Tot li trenza l'eschu e l'aubers autretal,
1140 Le cors e le fiel i parti por engal,
Mort l'abati a terre, ond fist grand batistal
Chacigrames le roi e sien frere Farnal
Ch'ambdos furent ses niés e ses amis loial.
Filz furent Mitridate cestor dos comunal;
1145 Farnal fu le roi d'Asie, ao regne emperial,
Ermin[ī]e la basse l'apellent li vasal;
Cestu fu por suen oncle en duel e en traval.
Non fu plus dexiros Achiles le Greçois   XLI
De vençer Patroclus qand fu mort — cum savois —
1150 Cum fu le roi Farnals de vençer celle fois
Eugarem, l'amiral, le roi des Erminois.   [13b
»Aī oncle«, feit il, »ai gentil roi cortois,
Mal vous est encontré, quand ci mort remandrois.
Vetrě arme soit hui ou les dies in repois!

1115. ne enulle.   1122. li resembloit.   1140. fiele parti, vgl. 1160.
1146. vgl. 1182.   1150. Cum le.

1155 Se ne vous pois vençer, bien sui pis c'un borçois
Ne mais non doi tenir honor ne fer tornois.«
Lour broce le detrer des esperons d'orfrois
E fiert Justaliën de suen espli turqois:
L'escu li extroa e l'aubers de suen dois,
1160 Le cuer e le fiel i trença, cui ch'en pois;
Mort l'abati a terre dou bon detrer morois.
Après a treit le brand, non prist autre corois,
E veit ferir un autre. Ja li donast suplois,
Quand li sorvint Antoine, mereçals e marchois
1165 De tote la gient Cesar — cum vous oï avois;
D'un espli q'il avoit feri Farnal le rois
Da travers sor le flans, me l'oubers fu si clois
Q'il no le poit trencer; me tant li fist sordois
Q'il l'abat dou cival enmi le grand caplois;
1170 Bien fust mort en la presse — selong ce che conois —
Se ne fust Tiragraine, le roi persianois:
Celu fist fer tel place o le brand espagnois
Qe Farnals fu monté ao detrer demanois;
Qar s'il non fust esté, mort seroit sens defois.
1175 S'il ne fust Tiragraine — cum le livre tesmogne —, XLII
Mort fust [le] roi Farnals dedans la grignor pogne;
Mes celu feri tant dou brand sens nul insogne
Q'il le fist remonter ao detrer de Sidogne,
E Antoine le pros suen roid espli impogne
1180 E cort ferir Ançestre, l'amiral de Sansogne:
Mort l'abati a terre anz che secors li çogne
E après li a dit une strançe rampogne:
»Cë est la giant Cesar qe Rome vous calogne.«
Après a treit le brand pour fournir la besogne
1185 E fert si un Roman qe li cef li reogne.
Celu avoit nom Luce — se non doi dir mençoigne —
E fu cuisin Domiciu qe nul hom non resogne.
Cil dit, s'il non li vençe, q'il 'n aura grand vergogne.
Espris de mautalant — selong che pois comprandre — XLIII
1190 Fu Domice quand vit suen cuisin mort destandre.
De lui vençer s'apreste, non le veut plus complandre:
Le buen detrer sperone si che dou sang fait spandre,
Suen espli paumoiant veit la venjançe prandre
E veit ferir Antoine: si grand coup li vait randre
1195 Qe tot l'eschu borclé fist peçoier e fandre.
Bien i aüst cil point feit suen cuisin cer vandre,

1155. piçs.   1159. Li escu.   1168. Qel.
1177. Mes il feri.   1196. Bien laust.

Mes l'oubers fu tant buen q'en çarn ni puet offandre. [14a
Le coups fu fier e fort, la lance non fu tandre
Ond q'a terre li fist outre suen gre descandre.
1200 Desor le cors Antoine — qi q'en doie reprandre —
Fist Domice paser suen detrer d'Alixandre.
Se tost ne fust secors, iluech pooit remandre
Si ch'a jorn de sa vïe ne auroit feit spee çandre.
Quand le vit Lelius, de duel se prist a espandre;
1205 En celle part sperone, ja nen veut plus atandre,
Por aider l'abatus che cil voloit sorprandre.
    Grand duel oit Lelius quand voit vuer sa selle XLIV
A Antonie le pros qe l'ost Cesar chadelle;
Alor paumoie l'aste si che l'aigle ventelle
1210 E veit ferir Domice che li scu li scartelle
Mes l'aubers fu tant bon q'il n'en trance clavelle.
Domice ne se mut plus cum une torelle,
Ainz a traite la spee qi luit e restancelle,
E fiert si Lelius sour l'eome de tutelle
1215 Qe ver detre le trance e la cufie novelle;
Une paome dou cef li trance la lamelle,
Ond qe l'os li paruit e aoquant la cervelle;
Se le brand non gencist, mort fust en la praelle.
Ment qe Domicius a Lelius revelle,
1220 Est Antoine monté au detrer de Zastelle
Por l'aïe ses homes, non por autre querelle;
E qand il fu a cival, non sembla pas femelle,
Ançois brandist le brand e isneus cum rondelle
Ala ferir Edites qe sa jant mout flaielle,
1225 Qe en oriant tenoit une cité mout belle:
Dou cef le porfendi jusqe pres la mamelle;
Mort l'abati a terre, ond l'estor renovelle;
Qar Scipion sperone qe de bien fer s'anelle.
Sor la gient Cesaron dou brand fert e martelle.
1230 Quand Cesaron le vit, ambdos les oilz roëlle,
Une lançe seisi cum une cere felle,
Vers Scipion sperone, autrement non l'apelle.
Quand celu s'en perchuit, tout le cuer li sautelle;
Qar plus ame la jotre qe amor de damixelle.
1235 Adonc prist un espli, non quiert autre novelle,
Ver Cesaron se drice pongant por l'avancelle.
    Ne cort si nul quarel quant balistre le cace XLV
Com Scipion ver Cesar de ferir se porcace:

1199. Onde qa.   1210. chil scu, vgl. 1090.
1211. nin trance.

Grand coups se donoient sens fer longe menace,
1240 Les escus trencerent cum çaitis cuors de vace;
Les hubers furent buens q'il non ferent falace,
Les lances peçoient cum se fusent de glace; [14b
Outre les enportent les detrers de Galace.
Aou retorner che i font ceschun le brant arace;
1245 Ja se fusent ferus — ce voil qe chascun sace —,
Meis lour gient li sevrent, non gardent qi desplace.
Cesar feri Nichors, un fort roi de Daomace;
Pres le roi d'Ethiope l'abat mort in la place.
E Sipion non faut qe son pooir non face :
1250 Il voit un soudoier qe sa giant mal solace
E qe dos rois d'Afriche a mort in cele trace;
Cist avoit nom Vier, civaler fu de Trace.
Scipion jure ceus a qui s'amor atace
Che s'il n'en prend venjance, mais n'aura ren qi i place.
1255 **O**r pur veut Scipion suen grand doel esclarir XLVI
Desor cil soudoier qe sa giant feit languir :
Adonc brandist le brand, tiel cous li veit a ofrir
Da travers por le flans q'armes nil poit garir
Si che tot le trenza cum fust un dras de Tir.
1260 La moité ceit a terre, ne s'en poit retenir,
Und qe toutes l'entrailles li p[o]oit l'on zausir.
Quand Cesaron le voit, de duel trait un sospir;
De siens amis li poise qe cil met a martir.
Lor comence ses homes a proier e a blandir
1265 Ch'i n'atendissent pas a li menus oucir
Mais li grans senators, li rois de grand contir;
A siens homes li motre e si les feit ferir.
Le per enver le filz — selong qe poison[s] lir —
Se tuerent iluech sens nul perdon querir.
1270 Crastinus e Caton se comencent laidir;
Qar de tuer l'un l'autre zaschun oit gran dexir;
Mes la presse des homes ferent lor mort oblir.
Trois chivalers brocent qe Cesar fist eslir,
Soz Caton tuerent le detrer de Montir;
1275 Mes celu saili sus cum hom de grand ardir,
Dou brand il fert si un d'aus q'il no s'en poit scremir;
Dou cef jusqe l'arçon li fist li brand sentir;
Au segond fist le braz da le bust departir;
Le terç non voust atandre, anz se mist a fuir.
1280 Bien a Caton vençé suen detrer sans falir;

1248. de Thiope.   1254. ren qil place.   1257. cous le veit.
1259. le detrenza.   1264. a blandir.

Sour un autre monta neïs a gran leixir.
Ne fu nul si ardis qe l'osast contredir.
Remonté fu Catons por force de suen cors XLVII
Sor un rice detrer sens nuls aotre secors;
1285 Pres Tulius Cicero se mist dedans l'estors;
Sor la gient Cesaron fesoient lor valors.
Gabilio li voit, non oit jeu ne depors, [15a
Civaler fu Cesar e fu mout fer e fors,
Il tenoit un faofard plus trençant qe rasors,
1290 E feri Cicero por merveilous esfors
Parmi la droite chuise qe le fers pasa ors;
Tulius feri lui sor l'eome pint a flors:
Dou cef jusqe l'arçon le brand no se restors;
Mort l'abat dou cival desor l[i] aotres mors.
1295 Après fert Galeran, proënçaus d'Aiguemors,
Qe mal disoit Pompiu e tot ses condutors
E laideçoit de boce tretoz li senators.
Tulius de sa spee li fist un tel salors
Qe tot l'eome trença qi ert de divers colors,
1300 Davant le front desand le brand talembors,
Le nes e tot le labre li çeta sor l'erbors.
»Tenés«, dist Ciceron, »gloton filz d'ambleors!
Cist cous vous faz qe non soiez plus mauditors
De ceus qe deoient etre vos drois seignors.« —
1305 Atant ec vos Antoine, le mereçaus greignors
De tot la giant Cesar e sor li guieors:
Li suens veit monestant, li grans e li menors,
De ferir duremant cum vailant pugneors;
E il mïesme estoit a cil point des meilors:
1310 Mant cous a receüs e despendus plusors;
De suen escu sont frait li tains e li splendors;
De bien fer se travaille o ses combateors.
Duremant se travaille Antoine de bien faire: XLVIII
Il voit Aufermïen qe la bataille sclaire;
1315 Senator ert de Rome e dou consil plus maire
E niés ao grand Pompiu — chom ai oï retraire —;
A un asaut oncist sens nul autre contraire
Trois jentils chivalers qe estoient de bone aire.
Vers lui driça Antoine son detrer de Samaire,
1320 Tel coups [li] vait doner dou bon brand de Cesaire
Qe li chief li trença q'il ne oit leisir de braire.
Quand vit Gajus e Sextus suen cuisin mort a l'aire,

1282. oeaist. 1299. leome li trença. 1315. a, sonst = est, löse
ich hier mit ‚ert' auf. 1320. coups vait donere, vgl. 1329.

De prandre la vençance nul nen demore gaire.
Sextus tient une lance e point suen detrer vaire
1325 E cort ferir Antoine; bien le cuida mesfaire:
Tot l'eschu li trença, mes de l'ubers stuit taire;
La lance se brisa qe in çarn non poit forfaire.
Après a treit le brand qe fu a le roi Daire;
Grand cous li vait doner, qar bien vout q'il [li] paire.
1330 E Gajus d'une mace li prand grand cous a traire.
Tant li donent des coups por flans e por visaire
Qe tot l'ont enbroncé, chui q'en doie desplaire; [15b
Se tost nen fust secors por suen seignor Cesaire,
Ceus mal le menasent qe erent filz d'une maire.
1335 Em peril fu Antoine, e mentir nen voldroie, IL
E mort l'eusent iluech les dos in la foi moie,
Se secors i tardast, qar fer stor le donoie.
Quand Cesar l'a veü, qe li autres castoie,
Tot ses meilors amis au secors li envoie,
1340 E il fu primeran pres un baron d'Ançoie.
Ou le brand açarins zeschun fert e caploie
Tant qc li dos enfans convint laser sa proie. —
Atant ec vous Pompiu qe li Romans convoie
E portoit un espli a un penon de soie,
1345 Vers Cesaron se mist pormi la droite voie.
Quand Cesar l'a veü, de rien non s'afebloie:
De la jostre Pompiu reprist confort e joie; ⁕
De lance n'avoit point, mes sor Lelius s'apoie
E prist l'insagne d'or ou l'aigle reflamboie,
1350 Ver Pompiu s'adreça — qi voelt en ait enoie —;
Ceschuns des dos barons merveilous cous s'emploie:
Li [e]schus [de]trençent cum s'il fusent de croie;
Fort furent li aubers qe nul non senestroie,
Les lances furent roides plus qe dir non sauroie
1355 E li barons vailans — qe ia nul no s'en esfroie! —
Li chivaus se enculent, qe bosdie non diroie;
Quand il se drecerent, zaschuns l'aste peçoie;
Tant fort se trahurtent — qil veut croir si l[e] croie! —
Che les strivers de fer se estendent cum coroie,
1360 Ne cengles ne pitrals ni vaut [i] rien che soie,
E li arçons darer brisent outre lour voie,
Und ch'andos li barons ceïrent sor l'erboie.
 Fortisme fu la jostre — nel tends pas a gas —. L
Quand ambdos li barons verserent a un fas.

1328. fu au roi.   1355. vgl. Anm. zu Abschn. 12 d. Einl.
1358. vgl. 810.   1364. brarons.

1365 Iluec avient mervoille qe li bons detrers gras
S'entreürtent ensamble, irés cum sathenas,
Und c'ambdos s'enculent desor le camps en bas.
Quand il furent dricé — non le mescreés pas —,
Des boces e des piés se ferent tiel frachas
1370 Qe lour cous sembloient, qi bien li escotas,
D'un moulon chẽ urtast a mur o a palas.
E quand il furent bien de ferir stanc e las,
Il represtrent dou çans e plus qe de trapas
S'entornerent ferir pour [un] tant fer eslas
1375 Q'il verserent ambdos desor li mors a stas.
Le buen cival Pompiu morut dou cous muovas,
E celu Cesaron fu bien a tel compas, [16a
Mes il dura grand ore anz che de mort fust chas.
Cesaron e Pompiu qe erent eneslepas
1380 Fortment s'en merveilent, mes non hunt nul solas,
Ançois s'esbaïrent e restreinent lor bras.
Cesar prist regreter suen buen cival veras;
Qar il estoit cornus cum fu cil Bucifas
Qe roi Porus tua soz le Macedonas,
1385 Quatre oreilles avoit en le cef, sens nul gas,
E la chõe fendue, le poil riçe e non ras,
Li piés avoit coupus, fendus en quintes clas
E plus dures les ongles qe n'est peron de sas;
Dedans un grand desert le pristrent mant Bidas;
1390 A Cesar le dona le roi Nichomedas
Qe fu sir de Betine; qar jamès tel civas
Non fu por indurer grand paine e grand mesas.
»Ai buen cival«, dit Cesar, »bien voi qe ci moras.
De quant strançes passaçes, bieus ami, gari m'as!
1395 Jamès per nul afan estanch nen te trovas!
Durement sui dolant qẽ enci remandras.
Je jur a toz li diex qe tot l'or de baudras
Non prendisse de vous, se de mort non penas.
Esbaï fu Cesar — und pas ne m'en mervel —, LI
1400 Quand vit gesir a terre suen bon detrer isnel;
Bien dit q'il nen sera mes garni d'un parel;
Mes ce le conforta qe le Pompiu morel
Feni anz qe le suen por desor le prael;
Ce li dona confort de vancre suen revel.
1405 Lor a dit a Pompiu: »Ci apart tuen flajel
Quand tuen detrer est mort avant dou mien favel.
Cẽ est qe darer toi doi [de]mener çambel

1365. qil bons; vgl. Anm. zu 1210. 1386. riçu. 1404. vàncre.

E etre sire dou mond e de Rome cadel.«
Lour vint l'un [en]ver l'autre, ardi cum lioncel,
1410 Ceschuns la spee ceinte e l'escu en çantel.
L'un fert l'autre de quer cum enemi cruel,
Li eschus fendoient trosqē en le borclel :
Cesar feri primer un cous mout fort e fel
Desor l'eome Pompiu o luit le zarboncel ;
1415 Un quarter en trença, ond a l'uns non fu bel,
Mes de la blance cuffie non detrença clavel ;
Le brand veit descendant plus qe bersés quarel,
Plus d'un piés se fiça dedans un pre novel.

Ruste fu la colce qe Cesaron profers   LII
1420 A Pompiu le Roman ond cil non s'en mespers,
Anz dist, s'il no s'en vençe, qe l'om le clam culvers.
Il tint un brand q'avoit maint buen homes desers, [16b
Vulcan l'avoit forgé en un leu mout devers
Chē est isle de mer ou l'on non prand aubers,
1425 Mes dapois fu le brand mout longemant despers ;
Serses, le roi de Perse, le trova ou ses sers
Dedans un clier sercuel cum sunt li cons couvers ;
Mant batailles en fist e trença maint aubers,
E pois l'oit Mitridate — selong qe dit li vers —
1430 Qe fu rois des Hermins, mes grand dolor sofers,
Qe roi Farnal, suen filz, ver lui se descovers
Tant qeo cef li trença e a Pompiu ofers
Le cef, le brand, la terre por long e por travers.
Cil brand avoit Pompiu, che trance tot li fers ;
1435 Vers Cesar se driça cum lion vers li cers.

Ardis e grand e fort e en bataille baut   LIII
Fu le baron Pompiu e sor les autres vaut.
De le cous ch'a eū vient desdegnos e caut ;
Vers Cesaron se drice, non semble pas ribaut ;
1440 Tel li done dou brand sor l'escu a esmaut
Qe tot le [li] porfand, cum s'il fust un bliaut,
E de l'oubers menus — qi ch'en plor o chi en caut —
Trance tot le giron, e bien por petit faut
Q'il ne fust maumené Cesar a cil asaut.
1445 Mes le brand costoia, ne li fu plus defaut.
Pompiu retreit le brand, da travers fist un saut,
Ne s'en poit retenir de dir suen cuer en aut.

Retenir ne s'en poit Pompiu — a le dir voir —   LIV
Q'a celu point non die auquant de suen voloir :
1450 »Cesar, Cesar«, feit il, »je te voil mentavoir,

1411. fer.   1427. cōvers.   1446. un asaut.

Tot ce qe aie le poil asés plus blans qe noir,
Non ai pas oblié li cous de gran pooir
Qe en jovenlé fesoie, cum tu pois hor veoir.
Or pleïst il as diex qe le notre valoir
1455 Se provast entre nos e feïst remanoir
L'estor de ceste jent qē ais fet comovoir;
Qar anchui poroit l'en tot le dreit coneoir;
Bien creroie xamplir — ce te don a savoir —
La franchise de Rome avant qe fust la soir.«
1460 **En** quant iror fu Cesar quand vit suen ubers frait, LV
Entand[i] qe Pompiu le tient por fol e lait.
Adonch brandist le brand und mant estor a frait
E cort ferir Pompiu, merveilous cous li trait:
Ferir le croit in l'eome ou il i avoit mesfait,
1465 Mes cil jeta l'escu davant le brand qe rait;
Tot le trance le brand e pois descendant vait
Sor la jambe senestre e tant fort li forfait [17a
Qe bien quarante mailles de la zauce desfait
E de la zarn li trança, ond qe le sang l'i lait.
1470 Perdus i auroit Pompiu la jambē a cil plait,
Mes le brand regenci, maogré qe Cesar nait,
Pour desour l'esperon qe fu mout bien portrait;
La broce li trença e cil le brand retrait.
Mout fu çoiant Cesar quand vit dou sang le rai: LVI
1475 Il a dit a Pompiu: »Des or te mostrerai,
Coniant je sai ferir, quand besognē en ai.
Trencé t'ai l'esperon, qe pas ne m'en gardai.
Cist example te mostre, tot ce qe te dirai,
Qe mais nen dois monter en cival ne sor bai
1480 Ne fer civalerie, se nel comanderai.
Qar dou mond e de Rome doi etre sir — ce sai!
Qē acrois suen honor e sempre le ferai.«
E Pompeu respondi sens motrer nul esmai:
»Cesar, Cesar«, feit il, »de ce ren nen crerai.
1485 Les diex ne la fortune non sunt in tel arai
Che metisent soz toi — ja ne tel celerai —
La franchise de Rome, ond sui çoiant e gai;
Qar l'uns parant cum l'autre tu fais tūer a glai.
Or te garde da moi, qe te chalonjerai
1490 L'onor de la cité, qe ne m'en departrai.«
Aprés ceste parole strant le brand senç delai.

1451. açe.   1454. pleisisent as; vgl. 2436.
1458. çe.   1479. sor ne bai.

Après ceste parole Pompiu le brand estraint, LVII
Vers Cesaron s'en veit, irés plus qe serpaint.
Sor l'come le feri, ou fu mant diamaint,
1495 Që un quarter en trance e la cufie ensemaint.
Se le brand non gencist, cil n'auroit mes brand çaint;
Mes le cous cousloia q'en le cef non l'ataint,
Desour le flans senestre le rice brand desaint,
Des mailles de l'oubers detrença maint e maint
1500 E de la zarn ausi, ond le sang li espaint;
Tout le giron senetre e le çans en fu taint.
Lour escrie Pompiu: »Cesar, se çe ne maint,
Nous soumes pour engal; anchor n'avés vous vaint.
Anchui saura la gient, se l'estor non remaint,
1505 Le quel aura plus force e quel aura complaint.«
Alor s'entreferent, l'un ver l'autre s'enpaint,
Li scus e li aubers ceschuns d'eus se porfaint.
Me bien disoit la zant, se Pompiu ne s'en faint,
Q'en la fin de l'estor Cesar s'en aura plaint.
1510 Mes li amis d'andous ceschun tost li sorvaint,
Ond q'il stuit remanir l'asaut, qi ch'en s'envaint.
    Remanir stuit l'asaut des princes soverens, LVIII
Qar tuit lor buen amis les deservrent a tens: [17b
Ce fu Domicius, le pros e le valens,
1515 Tulius, Lentulus, Egidius e Torquens,
Caton e Scipion e li Pompiu enfens;
Sor un cival nistrent lour seignour de presens.
D'aotre part vient Anthoine e Lelius ensemens,
Brutus e Gadïel qi non furent pas lens,
1520 Aurelius le prous qe ne fu dereens;
Cesaron remistrent sor un sor aufrichens.
Lour resforça l'estor, le duel e li tormens;
Mes plus perdi Pompiu qe Cesaron des suens,
Des rois, des dux, des princes, de[s] quens, des cevelens.
1525 Cesar veit monestant tretuit ses bienvoilens
E veit bien ceus qi fert e ceus qi sunt dolens:
A chi faut brand ou glef, tantost li fait presens;
Il tient un tors d'un aste e fert pormi les dens
Tretuit li suens q'il veit qi ne fesoit noiens,
1530 Pois veit amonestant tretoz de buen talens
Q'i n'atendissent pas a la menue jens,
Mes sor li senators ferisent ardiemens,
Sor li rois, sor li princes des plus grand tenimens;
Il les aloit mostrant li grignors a lour mens

1515. e Gidius.

1535 E li fesoit conotre e ferir feremens:
»Ferés li bien«, feit il, »e non aiés spavens,
Che vous ferai tretouz de lor terres manens.«
Lour ferirent tretuit, irés plus qe serpens:
De mors [e] d'abatus estoit le çans tot plens.
1540 lluech fist bien mervoille sor li autres Romens
Le buen Domicius — dïent li ancïens.
Che quand il vit le tais des suens sor li terrens,
Il se mist en la prese de li Cesariens,
Ferrant e abatant lour meilours combatens;
♦1545 De sang e de cervelles estoit covert e tens.
Toz les meilors Pompiu — selong mes esciens —
Non daomaça tant Cesar cum cestu solemens;
Ne mes non oit paür de mort a suen vivens,
Ond grand daumace fu quand cil çorn vint a mens.
1550 Ce nous conte l'istoire — nel tenés pas a fable! — LIX
Qe cist Domicius en la vïe peçable
Pour doutance de mort non fist çouse smaiable,
E fu mout grand daumaçe quand la cité mirable
Fu cil zorn orfanine d'un si feit conistable.
1555 Antoine e Lilius e lor giant defensable
Brocerent vers Domicie lor buens destrer d'Erable
Por avancier li siens — ce est cose rasanable.
Lilius base l'aste ou fu l'aigle de sable,
E feri sor Domicie colee desmesurable;   [18a
1560 Neou crola nen i fist chouse desconvenable;
E cil fert sor l'ensagne dou bon brand de Doable,
Und q'a terre la fist ceïr por le diable,
E la masnee Cesar en fu mout spöentable.
Onte muet Lelius, quand la ensagne porprine   LX
1565 Ou est l'aigle Cesar encontre val ruine
Q'il la veut recobrer; mais por mal ja vesine:
Qar Domice le fiert qe pas ne le volpine
Sor la senetre spalle dou brand de Salomine;
Tretout l'aubers li trance, cum fust vile sclavine
1570 E mout fort l'a enavré, ou le brand se sanguine.
Se Lelius nen gencist — coin le cuer m'en devine —,
Ja le fendroit le brand de jusqe la petrine;
Mes il estend suen brais e vers terre s'incline,
Und che le brand devalle sor l'erbe saovesine.
1575 E quatre chivalers de mout zentil horine
A Lelius recobrent l'insagne palatine.
Quand Antoine percuit des siens la desipline
Qe Domice a lour feit, ver lu mout s'avenine;
Qar bien voit qe s'il vit jusqe a la noit serine

1580 Qe Cesar nen aura cil zorn joie terine
Sor Pompiu ne sa zant nĕ anch victorie fine.
Adonc le fiert dou brand sor l'eome de valpine
Qe tretot le detrance, cum fust un drais d'ermine;
Mes ne puet trencier maille de la chufie acerine.
1585 Ancor le fert Antoine por tre mout grand aitine
Da travers por le front por si fere convine
Che le nasaus [de li] n'i vaut un flor d'espine;
Sor le nes l'a enavré, und le sang jus decline.
Quand cil se sent navré, presqe de duel ne fine:
1590 De grand iror il brait cum lion de ravine;
Vers Antoine s'en veit, irés cum serpentine.
Irés est mont Domice dou sang qe li descort,   LXI
Bien dit, s'il ne s'en vençe, che ce sera gran tort.
Vers Anthoine se mist e dou brand li aport
1595 Un tel coups q'il l'auroit bien condut a malport;
Mes Aurelius suen niés a cit pont le secort,
Ch'il se mist ver le cops qe fu mout fer e fort,
Und maovés guierdon en oit e mal deport.
Qe le brais e la spalle li laisa e fu mort.
1600 »E diex«, [ce] dist Anthoine, »cist est grand desconfort,
Quand mien niés ai perdu, le prous e lē acort.
Me se ne pois vençer ceste maovèse sort,
A tot çor de ma vie ne aurai nul bon confort.«
Sens nul delaiemant e sens point de gabeis LXII [18b
1605 Fist Antoine railer tot sa çant demaneis:
Sor Domice broçent [tre]tuit a un esleis.
Quand celu s'en perchuit, ne semble pas borçeis:
Entre lour se fiça, ou les veit plus espeis,
Ferant e abatant e vilein e corteis.
1610 E celor l'asailent environ da tot leis.
Un tant cruel asaut non vit home jameis.
L'arsaut che fist Betis cum tot ses Gadrieis
Desour cil Menedus, quand sorprist li Greçeis,
Ne fu noiant a cist che çe cont orindreis:
1615 Che da dix mille part veïsés cele feis
Lancer enver Domice lances e dard turcheis.
Mes celui fesoit bien plus merveilous defeis
Qe non fist Hercules envers li Trojaneis.
Quand enporta la fille de Laumedon, le reis,
1620 E tua bien cinc cent des meilor de lor leis.
Tant se provoit Domice sor ses nemis maoveis

1580. Cesaron.   1588. laenaura.   1589. enavre.
1603. nen aurai.   1612. ursprünglich steht gadreis.   1615. cile feis.

Ch'aosi li [de]trençoit, cum fusent sans arneis.
Les tais des mors furent torn lui tant merveileis
Qe l'en ne feit tant aut les bares as belfreis.
1625 Non fu mes civaler qe sofrist un tel feis.
Cil çorn fist Domicius plus qe l'en nen cre[r]eit; LXIII
Qar dou brand q'il tenoit tel merveile feseit —
Qi le deüst conter, enposible sereit —.
E la çent Cesaron fer[e]ment li asteit:
1630 Chil fert de dard, qi d'arch, qi lances li lanceit,
Tout l'eschu i ont frait; qar ja tant non avcit
Qē il poïst covrir sun brais par nul indreit;
Donc prist le remanaint, a terre le çeteit,
Qar nul bien ni i fesoit, ançois mout l'empireit.
1635 As dous mains prist le brand, contre lor s'adriceit;
A cui il consuit un cous, a la mort le livreit.
Lour feri Gadïel dou bon brand q'il teneit:
Le cef e tot le braz dal bust li desevreit
E l'autre part remist en l'arçon o il seeit.
1640 Après feri Fiton, un tel cous li a treit
Qe lu e le chival a trencé e desfeit,
E pois retreit le brand, quand cil grand cous a feit,
Par une tel vertus q'après l'euz se briseit.
Quand celor le verent, cescun ver lui s'en veit,
1645 E mort i ont le cival, ond grand duel [e]scaufeit.
Lor conuit pour certan qe sa mort s'aprosmeit,
Mes por peor de mort merci non demandeit.
Or conuit bien Domice q'iluech li stuet remandre LXIV
Qar ni a cival ne brand ond se puisse defandre, [19a
1650 Alor a dit: »A dies! puis qe dei la mort prandre,
Je me teingn bienauré e merci vos voil randre,
Quand in servis de Rome çe muer in tiel contendre;
Qar por nul suen nemi no la voi anc sorprandre,
E ancor est Pompiu grand e Cesar trou mendre,
1655 Ne por le perdon Cesar q'a le droit veut offendre
Ne voudroie ja vivre, mes voudroie mort prendre,
Cum çe fis de Corfin dond il me fist descendre,
Quand me pristrent mes homes, und ne m'en poit reprendre.
Mes avant qe je moire, bien li don a entendre
1660 Qe desor ses amis ferai mon cuer cer vendre.«
Atant se prist Domice de grand iror esprendre
E saili sor li mors, q'il ne voust plus atendre,
Veit le braz e le cief e l'eome d'Alixendre

1626. Domice, vgl. 670. 1458. 1844.   1628. Qil deust contere.
1632. Qil poist.   1638. le desevreit.

Q'a Gadïel trença. quand mort le fist destendre.
1665 A does mans je saisi, tiel coups prist a despendre
Ch'il ja ne trove arme qe non soit a lu tendre.
Rustes sunt les colees e de mout grand orguel LXV
Q' Domice donoit de le brais de Gaduel :
A qui il consu:t un cous — nel tenés a befuel!! —
1670 La cervel li espand ne en cief ne i remaint huel.
Ancor nos dit l'i-toire — ond fauser non la ruel —
Qe do brais e dou cef jeta desor l'erbuel
Qatorçe homes mors qe meis n'orent sercuel.
Quand c·l brais li failli. il [e]n oit mout grand duel,
1675 Mes il vit une mace les un stranze brouel,
En cele part saili. as does mains la recuel
E fert dedans la prese plus aspre q'il non suel,
Und qe tot ses ernois convient ch'en sang se muel.
Non i a nul tant ardis. se Domice l'achuel,
1680 Qe mais condue Cesar ao romans capituel.
A cil point qe Domice a la mace trovee, LXVI
Il tesoit tiel mervoille en la Cesar masnee
Q'a cascun resembloit q'il donast tiel colee,
Cum s'il aüst da cef la çouse comencee :
1685 Und la gient Cesaron en fu mout corocee.
Ce·chun le fert de dard, de lancê ou d'espee.
Em pluxor leu li ont sa blance çarn navree,
Me cii tenoit la mace dentüe e qaree.
Cui il consuit un coups. nen poit avoir duree :
1690 Il fiert un civaler që avoit nom Bracee.
Tretoute la cervelle li a dou cef jetee.
Après oncist Ariers e Galamon de Caldee.
Mes tant avoit perdu dou sang celle jornee
Qe sa force li faut e sa lum est torblee. — [19b
1695 Ai Deu! por qoi non soit Pompiu la destince,
E li frans senators de la cité loee!
Qar bien auroit secors la persone prisee.
Me ce nen poit pas etre, qar la dure meslee
En bien xxx tropiaus e plus ert asemblee,
1700 Und q'il non poit avoir secors d'une deree. —
Lour ne poit plus ferir, sa leine i est falce,
Sor la terre versa qe fu de sang bagnee.
A mout petit termin sa vie sera finee. —
Ai De! de quant ventures est sa carn escampee!
1705 E or convint morir en tant strançe contree. —
Mes de ce non li poise, ançois mout li agree

1668. du brais.

Quand muert por la franchise de Rome la honoree.
Qar miels ame morir — ce est verité provee —
Qe [de] veoir mes Rome sot creature nce
1710 Ne qe Cesar aûst la victorie portee.
Por ce moert joios, sens maovaise pensee,
Qe ancor avoit Pompiu sor tout la renomee.
Non se poit plus defandre le noble senator, LXVII
Ains se voutre d'angosce en le sang sor l'erbor.
1715 Atant ec vous Cesar sor le brun coreor,
Quand il perchuit Domice geisir en tiel freor,
Mantinant le conuit e dit a grand furor:
»O Domice, Domice! or est venu cil zor,
Q'il te convint laiser l'amisté e l'amor
1720 Che ais eûe Pompiu jusqemant a cist jor.«
Quand Domice l'intend, mout en oit grand iror:
Il retint le spirit qe s'en aloit tutor,
E reprend tant de laine q'il respond sans demor:
»Cesar, Cesar!« dist il, »je te don a savor
1725 Qe tu non eis pas mīe ou tu te tiens ancor.
Bien seroient maovès li diex superior,
Se de tes males ovres te rendisent honor.
Mes tuen faus traīmant e tuen mauvais labor
Te meriront anchui cum a faus sedutor;
1730 Qe per e fil e frere fais tuer entre lor,
Qe pour ce cuides etre de li Romans segnor.
Mes ce non sera mes, ch'ancor est trou greignor
Pompiu che tu non eis e de plus grand valor.
De ceste mort je sui contant sens nul eror,
1735 Qar la notre franchise est anchor au desor,
E ancor ni a Rome onte ne desenor.
E si sai qe Pompiu non fera long sejor,
Q'il de tes males ovres te fera pentior.«
E Cesar respondi avant lē oscuror: [20a
17 0 »Tu me verais per force conquir tretot l'estor
O cist mien detre brais a mon brand trençeor,
E serai sir de Rome maogré li liceor.«
Quand Domice l'entand, ensamble jont alor
Ses mans ch'erent ferues cum duel e cum langor
1745 E dit: »Je rent merci as dies de mout buen cor
Qe çe ce ne verai, q'en moroie a dolor.«
Lour feri contre terre dou front pour tel vigor
Qe l'arme se parti dao cors — cum dit l'auctor.

1708. miele. 1722. ursprünglich steht ‚spirt'. 1733. chi.
1746. Qe çe ce ne tey verai.

Quand ce vit Cesaron, il point son misaudor
1750 E se fert en la prese çoiant plain de baudor.
Tretous li citeïns qi sorvindrent d'entor
Regretent mout Domice cum loiaus condutor,
Neis de ses enemis le regretent pluxor.
  Tretuit li citeïns et anch des faus Romans   LXVIII
1755 Regretoit mout Domice qi gisoit sor le zans.
Atant ec vous Pompiu, le prince soverans,
Quand voit Domice mort, por poi non perd le sans.
»Eï buen chivaler«, dist il, »e avenans!
Ai loial consiler e discret e sazans! .
1760 Ai fort e fer e ardi sor touz les conquirans!
Ai douz envers li buens e fer vers fele çans!
Onqes vetre paril ne vit home vivans.
Se de tiel chivalers eüst Romë auquans,
Bien poroit sa franchise mantenir longemans.
1765 Ech vos Anelius sour un bai aufrichans.
Juba, le roi d'Afriche, i en avoit feit prisans
Por la bonté ch'avoit le bon detrer corans.
Cist fu parant Domice e suen coisin iermans.
Quand il le v[e]oit mort, de duel estrent li dans:
1.70 »Aï cuisin«, feit il, »la flors des combatans
Est perdue dou tot, quand estes mort gisans.
Se çe n'en prand venjance anchui a mes dos mans,
Jamès nen quer tenir honor ne zasemans
Në entrer en batallle ne porter garnimans.«
17,5 Alor paumoie l'aste per tre mout mautalans
E fert un conestable ch'avoit nom Amidans
Si ch'eschu ni aubers ne li fist nul garans;
Mort le versa a terre e puis a treit le brans
E fiert si Alius, dë Antoine parans,
1780 Qe tot le porfendi daou cef jusqe in les flans;
Mort l'abati tantost dou detrer alemans;
E pois refert un autre de les Cesarians,
Und qe le cef li trance ou tot l'eome luisans.
Après feri le quart par un tiel convenans   [20b
1785 Q'il ne vesti jamès ni aubers ni clavans:
»Outre gloton«, feit il, »culvers e seduans,
La mort Domicion comprares ceremans.«
  Mout se penoit le zorn le bon Ançelius   LXIX
De vençer suen cuisin sor la gient Cesarus;
1790 Ensi fesoit Pompiu, Tulius e Lentulus,
Caton e Scipion e le pros Masimus,

1752. Regreterēt.   1756. princes.

Torquatus e Orente e Sextus e Gajus;
Asés en tüerent e jounes e zanus.
Le çorn fust bien Pompiu de l'estor ao desus,
1795 Se li pecés de Rome ne l'aüst confundus
E la pesme fortune qe voust q'il fust vencus.
En autre guise Cesar ne auroit le zans tenus,
Mes fortune menoit Cesar cum suen cer drus
Ferant por la bataille il e dan Crastinus
1800 E Antoine le pros e l'ardi Lelius
E tretoz lor amis, li grans e li menus.
Ai quant il tüerent des rois, des quens, des dus!
Iluec oncist Anthoine quatre rois mout cremus:
L'uns fu Chamilion, de Mouse le membrus,
1805 L'autre fu roi Balam — cum çẽ ai menteüs —
Qe d'Indie la menor avoit tretos li frus;
Li autres dos furent nomé, selong lor us,
Tersain e Cabain — cum en escrit ai veüs —;
D'un per e d'une mer furent ambdous ensus,
1810 Dou regne d'oriant defendoient li us
E la noire montagne avoient in reclus.
Lelius e Cesar a lor brans amolus
En tüerent bien vint sens contredit de nus.
Li autres, ses barons, ferent de tel vertus
1815 Qe bien set cent e vint en ont mort abatus
Sens celor q'estoient primerain deceüs:
Tre por mi la bataille vont detrençant tretus,
Li rois, li senators, cum il sunt aprendus,
Und li homes Pompiu furent mout esperdus.
1820   Iluech furent tüé les homes de grand pris: LXX
Li Mentois e Pendois, Cornelois, Torqualis.
De ceus estoient ja estrait maint rois jentis
A cil temps qe fu Rome riame — ce m'est vis —,
Und fu le derecin Tarquin au cuer ardis;
1825 Qe dapois ne fu rois por li Roman saixis.
Cil zorn cança Brutus — selong qẽ ai entis —
Ses armes, sa sorveste de les fois plus de dis
E tenoit da celor qi erent Pompiu amis
E ferroit Cesaron cum morteus enemis,   [21a
1830 Qar oncir le cuidoit, qe nul nel coneïs.
Fortune ne voldroit qe Cesar fust maomis,
S'il ne fust sir de Rome e de tout le païs.

1793. iouenes, vgl. 349. 544, 2171.
1796. voust, vgl. 192. 1279. 1662. 2487. 3098.
1821. Le. 1824. derein, vgl. 827.

..... se cançoit, por estrances devis,
.. sembler a Brutus, quand il l'avoit mespris;
.. .. quand li venoit pres. il sembloit tant ceitis
D'armes e de sorvestes q'il ne l'auroit oncis.
Z nd che per nulle guisse a lu ni auroit aitis,
Qar a les jentis homes avoit suen penser mis.
E Brutus tote foi cum hom entalentis
1840 Aloit ferrant Cesar por membres e por vis;
Qar volunter l'auroit dou tot amenois.
Cil zorn oncist Brutus maint chivalers exlis
Des meilors Cesaron, qi ch'en ait plaint ou ris.
La bataille fu grande plus qe nul nen creroit,   LXXI
1845 Qe tant des mors i erent qe trové n'i seroit
Une paome de terre qe mort ni covrisoit :
Le jentils, le vilen entremeslé gisoit
E ça e la por le cans chom l'om [li] abatoit.
Mes d'oncir Cesaron Brutus mout se penoit,
1850 E Cesar d'oncir lui, mes rien fer non pooit.
Qar por oncir Cesar fortune le sauvoit,
Mes nel devroit tüer, se Cesar non avoit
Segnorïe de Rome e de tot le destroit.
Fortune defendi ces deos e les chonroit :
1855 Por etre sir de Rome Cesar da mort gardoit,
E por oncir Cesar Brutus vis mantenoit.
Trestuit li stranges rois qe Pompiu mantenoit
Iluech furent tüé, und grand duel s'en fesoit.
Non fu mes tel bataille, e non croi qe etre doit,
1860 Qar ceschun de lour heir dapois se complagnoit
Qe soz li emperers a servir remanoit.
Pompiu percuit tre bien qe son honor perdoit,
E voit bien qe fortune e les diex ce voloit. —
Vos devés bien savoir, së irer s'en devoit,
1865 Und mout s'en esmaia, mes rien nen demostroit.
Esmaiés fu Pompiu — non feit a merveiler —,   LXXII
Quand vit morir ses homes sens autre recobrer,
Mes il fu bien armé sor un mout grand detrer
E monté sour un tertre e prist a resgarder
1870 E veit bien qe fortune le voloit trabucher.
Alor non fist il pas cum font maint chivaler
Qe lasent en peril li suens per soi saover,
Anz voldroit il perir por les suens defenser.
Cum tot ce qe les diex nil volisent aider,   [21b
1875 En servis de ses homes il li prist a prïer

1837. aitis.   1848. pors.   1866. Pompeiu.   1870. voleit.

E dist: »Some virtus, un don veil demander,
Qe tu por mes pecés non doies afoler
Tot le mond qe ci voi oncir e detrencer.
Ces ne sunt pas coupables de mien maovais ovrer.
1880 Se pur me vois dou tot a cist point abaser,
Trabuce me meïsme, mes fis e ma muiler,
E non te caille plus de le mond reverser!«
E quand il oit ce dit, il prist a environer
Les ensagnes sa çent per le caple laser.
1885 Por troi çonses se prist dou camps a desevrer:
L'une q'il ne voloit laser sa gient tüer,
Qar s'il le veïsent en l'estor perioler,
Nul ne voudroit jamès d'iluech vis repairer;
L'autre q'il ne voloit qe Cesar, suen gerer,
1890 Le veïst en l'estor oncir ne vergogner;
L'autre fu q'a sa fame avoit promis d'aler,
Tantost cum il poroit de l'estor retorner.
Lor se parti tantost, ne voust plus demorer.
Mes Caton e Gajus remistrent ao capler,
1895 Joste lur Scipion e Tulius le fer,
Sextus e Ciceron qi mout funt a prixer,
E maint autres Romans qi voloient motrer
Q'i ne combatoient sol por Pompiu aider,
Mes por ch'i voloient lor franchise garder:
1900 La veïsés Caton e Gajus exprover
E li Cesariens oncir e decouper. —
Iluech tant en tüent qe çe nen sai conter. —
Qi veïst les mervoilles dou noble baçaler,
Qien diroit q'il ert daingn d'avoir Pompiu per per.
1905 Mes tant li avoient des felons averser
Qe la franchise stuit le camps abandoner,
Ou il vousisent ou non se mistrent ao fraper.
Tuit furent desconfis ceus qe Pompiu mena. LXXIII
Cesar remist au çans qar bien le gaagna.
1910 Une part des sconfis sor le poi s'arota,
Qe seroient scampé; mais Cesar se pensa
Qe se ceus scampasent, daomaje i en vera,
Qe la nuit poroient ferir l'ost por dela.
Lor jure a ses dies qe nul n'i remandra
1915 Ou ha veü ces homes; antemant escria
E dist: »Ferons cestor qe çe voi por deça!
Qar la couse est çaude, ond mielz se ferira;

1884. cent.   1886. gient a tuer.   1893. vous.
1896. a' ist apātere Correctur.   1902. ce.   1915. ses.

Quand l'om est ao desus, demprer non deit za
A tuer suen enemi, car pois peis en aura.« |23a
1920 Celor otrierent tot ce q'il comanda:
Sor ceos se terirent qe Cesar li motra,
Tretuit li derompent qe gair në in scampa. —
Or dirons de Cesar cum de li mors ovra,
Pois diron[s] de Pompiu comant il esploita,
1925 Quand ensi dou tornoi e o il ariva.
Qar por vers bien rimé le metre contera
Le voir a pont a pont, se l'outor non falla.
E se volés savoir qi cist livre rima,
Escoutés l'autre rime, qar nomé vos sera. —
1930   **R**eprandre ne m'en poit nus hon — bien le conois — LXXIV
Qe de cist feit vos die mençogne ni bufois;
Qar selong l'ancien auctor oïr porois.
E ce qe çe vous cont dou feit des Romanois
Nicholais le rima dou païs veronois
1935 Por amor son seignor, de Ferare marchois;
E cil fu Nicholais, la flor des Estenois,
Corant mil e troi cent ans e qarante trois.
Und pri li giugleors qe cantent orendrois
Qe de ce ne se vantent e feront cum cortois.
1940 Qar il dit le proverbe, cum vous oï avois:
Qi d'altrui drais se vest se desvest mante fois.
Und chascun deit vestir suen cors de ses hernois,
S'il ne vout qe les giens facent de lu gabois.
E qi le vout canter si doit doner le lois
1945 A cil qi le rima, soit zentil ou borçois.
Qar çe ne sai nuls hom en Paris ne en Valois
Qe non die qe ces vers sont feit par buen françois,
Fors qe faus escritors ne li facent sordois.
Or lasons ces parolles e contons les henois
1950 Qe remist en çans, quand fu feit le tornois,
Pois dirons de Pompiu, qe por li grignors bois
Il s'en aloit fuiant sor un detrer tiois
E confortant li suens cum hom de franche lois
Q'i ne fusent anchor en nul maovès esfrois. —
1955   **O**r dist enci l'auctor qe quand l'estor prist fin, LXXV
Cesar remist ao cans sor suen amoravin
E voit noier en sang li mors e li sovin
Und tot est reampli le vaus e le zamin.
Lor apelle ses homes en le roman latin:
1960 »Segnor, franch chivaler!« ce dit le palatin,

1927. Le vour, vgl. 247. 252. 2039. 2099.

»La merci deuse vous und nul non fu fraïn.
Plane victoire avons eüe en cist maitin,
Qar desconfis sunt tuit li culvers de puit lin.
Or alons a lor tendes, ne prendons plus termin   [22b
1965 E prendons le tesor e l'arçant e l'or fin
Që ont conduit ces rois dou lignaçe Chaïn!
Tot quant ch'i avoient est a notre demin.«
Adonc broche chascuns en raçes cum maslin
E passent por li cors des mors por tel traïn
1970 Qe zaschun afoloit per o frer o cuisin
Und miesmes avoient feit le çorn disciplin.
As tendes entrerent demenant fer destin,
L'or e l'arçant prendent, n'i laisent var ni ermin,
Au tries Pompiu s'en vont de paille alexandrin,
1975 Ne li laisent tresor ne piere ne robin,
Ans en carça ceschun palafren ou roncin;
Mes tot ce fu noiant, ch'ancor a lor demin
Quidoient rober Rome e tretot le terin,
Cum li avoit promis Cesar por lour convin.
1980 Mais de ce falirent, qe pois por nul ençin
Non ferent de tresor nul si rice saixin
Cum i firent iluech, e tiel fu lor destin.

Iluech seisi ceschun tot le meilor merit   LXXVI
Që il aüst dapois qe Pompiu fu sconfit,
1985 Mes se Cesar i aüst doné tot in aquit,
Grecie e la Sorie e la terre d'Egipt,
Ne li auroit mie meris de cil maovès profit
Qe ceus avoient feit per lui — cum trovons scrit —;
Qar por lui avoient a tot le mond desdit
1990 E tretous lour parans maomis en cil abit.
E quand ourent seixi l'avoir sens contredit,
Alerent a mançier a tretot lour delit,
Après s'en veint couçer ceschuns dedans le lit
Qe fu de suen parant, qi qe l'ait in despit.
1995 Mes faus repois avoit ceschun soz suen carpit,
Qe dormant nul n'avoit ne seçor ne respit,
Ançois li ert avis qe l'estor fust eslit
Por combatre da cef, ond ceschun ert aflit.

Ceus ne porent la nuit in nul repos dormir,   LXXVII
2000 Qar dormant cuidoient lor nemis invaïr
E [qe] la zant Pompiu li venist asailir.
Tuit se dementoient e pristrent a braïr

1873. lairent, vgl. 1975.
1993. couçere.   ,veint', etwa verschrieben statt ,vient'?

E çetoient lour brais cum deüsent ferir.
Il sembloit qe la terre prendist soz eus gemir
2005 E che foldres e trons li vol[s]isent oncir
E che les airs serens prendisent a scurir.
Lor parans veoient, q'avoient feit morir;
Envers lour venoient por tüer e coupir.
Miesme Cesaron non dormoit a leixir, [23a
2010 Ainz li estoit avis qe le Pompiu empir
E tous li senators q'il avoit feit perir
Tenisent li lor brais sor lu por grand aïr
Cum si li vousistent toz li membres tolir,
E une laide forme sembloit a lui venir,
2015 Qe le voloit tüer, ond se prist spöentir.
E quand il s'esveilla, le çorn prist a esclarir.
Mantinant se leva, mes bien vos pois je dir
Qe por rien ch'ait veü d'iluech ne voust partir
Tant që il ot mançé a tretot suen pleisir.
2020 Ja non avoit tendror ne pieté ni sospir
De reveoir li tas des mors au camps jaisir;
Qar ancor li avoit — se ze non doi mentir —
Si fort contre suen cor cum le deusent onir;
Me s'il fust de bonté, il feroit sevelir
2025 Li mors qi gisoient, mes nel voust consentir,
Ançois fist comander a cescun, bon e pir,
Se nuls nuls sevelist, q'il le feroit langir,
Ch'en despit li avoit plus qe non sai çeïr.
En despit avoit Cesar e contre cuer ausi LXXVIII
2030 Ses nemis ch'erent mors e versés ao lari
Com il avoit primer, quand comença l'estri.
Und q'il ne ve[u]st sofrir qe nul fust seveli.
Li estranças d'Afriche orent ja plus merci
Des Romeins qe n'oit Cesar - selong që ai oï —;
2035 Qar a cil point miesme ch'Anibal li venqui,
Si ferent enterrer tot la çant qe i peri.
Mes ce ne fist Cesar, ne ne le consenti,
Q'ancor tenoit ceschun por morticus enemi.
Mes enci dist Lucan qe le voir ne taisi
2040 Qe aomcin le comun sepolcre ne i toli,
Cë est le ciel desour qe jamès ne faili
Q'il ne covrist ceschun pois qeo mond fu basti.
D'iluech se stuit partir Cesar ao cors ardi
Por la fetor des mors qe lë air corumpi.

2018. ne se vous partir, vgl. Anm. zu 1893.
2025. vous, vgl. Anm. zu 1893.

2045 Sa zans roba le camps, pois furent departi.
Lions e ors e lous istrent dou bois foili
E d'autres desertines ou i furent nori
Pour l'oudor des charognes ond fu le camps garni.
Li avoutours, les aigles furent tous acoili
2050 Sor ceus qe gisoient e furent reampli,
As fils en porterent a tretot lour deli;
Les pieces laisoient, selong qe li pleisi,
Por li aubres ramus, qe nul ne lour nuisi;
Mainte foiz portoient ces osiaus enrabi [23b
2055 Les pieces de le zarn — selong qe je vous di —
Desor l'ost Cesaron — se l'auctor ne menti;
E quand estoient bien dou porter aleni,
I lasoient ceïr le past ch'orent saisi
E sanglentoient lour e lour heomes bruni.
2060 Mes tant nen portoient q'ao champs fust menuï.
Neis porent tant porter [ne] betes në osiaus LXXIX
Q'il semblast q'il en fust nus hosté hors dou vaus,
Tant qe soleil e pluvie li desfist por engaus
Seulment por poriture, non por autre signaus.
2065 Après remist le camps tant pesme e tant mortaus
De maodites sementes qe nus home carnaus
Ne i voloit converser, tant par fust desloiaus,
Ne nef ne li rivoit por mer ne por canaus;
Qar cil temps avoient un usaçë entr'aus
2070 Qe la o moroit la zant en li grand batistaus
Nul ne li conversoit ne n'i prendoit hostiaus. —
E por ce dit Lucan qe li diex comunaus
Abetoient mout Tesaille, qand en un seul jornaus
Li leisa devenir un tant crueus asaus;
2075 Qar ne i avoit tant terre com l'en treïst un paus
Ou ne fust home mort, chivaler o bidaus;
Und pois de mout grand temps — nel tenés pas a gaus. —
Por la grand mortité ne li fu jeu ne baus. —
Hor dirons de Pompiu, le prince naturaus,
2080 Qi veit por la foreste, armé sor suen civaus,
Confortant ses amis a loi d'ome loiaus
Qe por ce ne deusent prendre [nus] fous consiaus. —
E tant oit esploité, ains q'il perdist solaus,
Q'il a veü Larice e le metre toraus.
2085 **T**ant civauce Pompiu por bois e pour gaudine LXXX
Q'il a veü Larice e la grand tor maobrine.
Lor s'en vient a la porte, dens entre sens termine.

2060 qeo.

Ce fu la prime terre — cum l'auctor nos latine —
Ou ariva Pompiu dapois la discipline.
2090 Li borçois mout l'ament, ond zaschun li encline.
Mes quand i l'ont veū venir a tel traīne,
A si petite giant, ceschun bien en devine
Qe Cesaron l'avoit sconfit celle matine.
Tor lui plurent fretuit por la crüel destine
2095 Q'estoit le zorn corüe sor la giant palatine;
Mes por ce ne motrent në orgueil në aïne,
Ançois se souzmetent tretous en sa seisine
Cum s'il aüst vencu tot la giant cesarine.
Pour ce dit le proverbe qe de dir voir ne fine [24a
2100 Q'au besoingn se conuit l'ami e sa convine
E por ce q'il a buen li port amisté fine
Q'il vaut un buen ami plus qe tot Salomine.
Cestor furent amis e de loiaus doctrine
Ao besoingn ver Pompiu e s'amisté vesine,
2105 Qe ja ne li fu home, ne viele ne mescline,
Qe ne s'alast a metre dou tot en sa demine,
E distrent: »Çentil sir! ne fer çouse fraïne!
Qar tu ais renomee sor tot la giant terrine
E semprë ais servi a ceschun sans volpine.
2110 Prend tot notre tesor qe vaut plus qe mesine
E asemble tes homes, ne vient autre mecine!
Motre qe ta zant n'est de segnor orfanine!
Ancor porais de Cesar fer cruēl desertine
E de ses sedutors qe vivent de rapine.«
2115 Après ceste paroule li repondi Pompiu: LXXXI
»Segnor de ce qe dites de buen cuer vous merciu.
Porqoi ve volés metre por moi en cist periu?
Se Cesar le seüst, il veroit en cist leu
Si vous metroit por moi en duel e en exiu.
2120 Obliés li vencus, qe çe vous en consiu,
E tenés vous a ceus që ont vencu le giu,
Qar fortune li ame; de ce bien vous afiu.
Fous est qi ver fortune veut prandre nul estriu,
Qar encontre sa force ne vaut armes un fiu.«
2125 Lour encline tretuit e dist: »Estés a diu!
Qe ne veul qe por moi Cesar mal vous conviu.«
Atant se part le prince, coroçous e pensiu,
Tot droit ver Metelaine se mist delez un riu.
Li borçois de Lariçe font per lui duel e criu

2093. avoīt.   2108. ‚terrine' mit der ein r bedeutenden Abkürzung
über dem ersten e.

2130 E maudïent fortune ch'a mis a tiel coriu
La franchise de Rome e le noble bailiu;
Qar jamès tel daumaje ne fu ne tel desriu.
Ne fu dedans Lariçe ne cortois ne vilan LXXXII
Qe nen plurast Pompiu cum suen cuisin german.
2135 Dou remanir proient le senator roman,
Mes cil ne veust remandre iluech por auchun san,
Ançois s'en departi, plain d'iror e d'aan,
E trapassa Thesaille, cil maleoit terran,
E lë estans Hercules de le temps ancian.
2140 Ja ne tenoit çamin le noble chevetan,
Mes por un grand boscaçe ch'estoit des aubres plan
Il dr[i]coit tote foi son detrer aleman,
Senipre ver Metelaine il tenoit droit le fran.
Tutor aloit broçant, mes nen montoit un pan, [24b
2145 Qar suen cival avoit sofert si grand achan
Q'il ne pooit aler plus q'ao pais por cil plan.
Se nul vent se levoit, levant ne tramontan,
Qe ferist en li aubres de pres ne de lontan,
Il cuidoit q'il fust Cesar ch'ancor li fust proçan.
2150 Qar il pensoit trou bien si disoit por certan,
Se Cesar l'ataignist, q'il moroit de sa man.
E s'il encontroit nul, borçois ni chastelan,
Il tornoit d'autre part por le grand bois autan,
Që il ne voloit mie qe nus home mondan
2155 Le poüst coneoir ne savoir suen afan;
Qar honté se tenoit — ce nous conte Lucan —
De l'estor q'il avoit perdu celle deman,
E por ce se gardoit da ceschun cors human.
Seignour! En tiel mainere pormi le bois foilu LXXXIII
2160 Aloit Pompiu tornant suen buen detrer crenu
Mes forvoier n'i vaust qe il ne fust porceü
Da mant qi venoient por le zamin batu.
Ceus qi le conuirent furent mout experdu:
A poine cuidoient q'il fust en camps vencu.
2165 Grand onte ot Pompiu, quand nul home nascu
Le pooit coneoir remembrant ce q'il fu.
Volonter aleroit q'il ne fust coneü
Com un chivaler pobre por le païs autru,
Mes tant se forvoia pormi le bois ramu
2170 Qe tretous l'ont perdus, li grand e li menu,
Und qe pres lui n'estoit ne joune ne zanu.
Des grand honours se membre që il avoit eü

2142. drœit.

De le roi Mitridate qe tant par fu cremu,
Des pirates ausi ou mout fu combatu,
2175 E ancor de Secille q'est païs esleü,
E des autres païs q'il avoit souzmetu.
»Ei dies!« dit le baron, »cum cermant m'a vendu
Fortune tot l'onor ou longtemps m'a tenu!
Tretot le mond avoie ancui soz ma vertu,
2180 Or në ai un scüer qi me port mien escu.
Nul ne devroit amer honor ne grand treü,
S'il n'est cert de morir, qand l'onor a perdu.«
Cum ces paroules est hors dou boscaçe ensu
E sor rive dou mer est a cil pont venu.
2185 La descendoit un flum — cum çë ai entandu —
Qe dou sang de Tesaille ert vermoil devenu.
Ech vous sor la marine arive le baron,   LXXXIV
Ou descendoit un flum corant de grand randon,
Q'ancor ert tot vermoil — selong qe nos lison —   [25a
2190 De le sang de Tesaille, ond i avoit a fuison.
De ce fu mout le prince en duel e en fricon.
Lor garde sor la rive entor e environ
E perchuit une nef de petite façon
La qiel menoit un home solet sans compeignon.
2195 Lor broce celle part le bon detrer frixon :
Le chival ne se muit por ferir d'esperon.
Adonc dexend le prince por desor le sablon
E laise le cival souz un aubre reon.
Pois s'en veit a la nef erant plus qe geldon
2200 E est entré dedans sens fer autre sermon.
Quand cellu de la nef conuit le zampion,
Mantinant le reçuit, ni i fu contredison.
»Ei diex!« ce dit Lucan, »merveiler se doit l'on
Quand cil ch'ert ancor sir dou rice mer perfon
2205 E dou port de Secille, d'Afriche e de Nebron
E de li port de Libie e ancor des Sclavon
Und il p[o]oit avoir plus nef d'ome dou mon
E or si se metoit en si petit dormon
Qe cil qi le menoit n'avoit se peor non,
2210 Qar a paser un flum seroit en suspicion.
Quand voit Pompiu q'il est dedens la mer autaine, LXXXV
Il apelle celui qe le vasieus amaine
E dit q'il le condüe tot droit a Melelaine,
E cellui l'otroia sens parolle vilaine:
2215 En celle part se drece e dao port se lontaine.
Mout regrete Pompiu la franchise romaine
Ch'estoit le jorn souzmise por la Cesariaine,

Mes d'aler a sa fame ja point ne se refraine,
Por ce q'au departir l'avoit feite certaine
2220 Q'ao fin de la bataille la zouse primeraine
Q'il aleroit veoir seroit Corneliaine.
E celle l'atendoit, de grand dotance plaine,
Qar de cuer plus l'amoit qe nulle rien mundaine.
Tot le zorn ert pensive e la soir pres la çaine
2225 Entroit en lit la dame, de biauté zastelaine :
Sour sa sponde gisoit, non bien cum buene vaine,
·L'autre part a Pompiu laisoit entiere e saine
Cuidant li etre pres cum ja li fu prozaine.
Ceschune nuit dormoit en dolor e en paine :
2230 Sovant zetoit suen brais la belle plus d'aiguaine
Por acoler Pompiu, le noble cevetaine,
Mes quand ne le trovoit, tote devenoit vaine.
Le çorn aloit scoir sour la roçe anciaine
E regardant por mer zaschun jor de semaine
2235 Se nef venist ou fust creature humaine   [25b
Qe li portast novelles de cil qe pas ne aaine.
Ec vous venir la nef qe suen sir li remaine !
Ao port est arivee, cil saili sor l'araine ;
Quand la dame le voit, si dexand sor la plaine.
2240   Ao port souz Metelaine — si cum dit la scriture — LXXXVI
Ensi Pompiu de nef o la fiere figure.
Quand sa fame le voit venir sens creature
Qe li feïst compagne fors le stormant qe plure
E avoit enpoudree e tainte l'armeüre,
2245 Lour conuit bien q'il est mis a desconfiture
E che fortune s'est feite ver lui trou dure.
Lour brixe ses ceveus e tot sa vesteüre :
Sa face enpaloïst e suen cler vis se scure,
Enver terre se pasme la noble enzendreüre. —
2250 Non croi qe Dejenire fust en greignor torture,
Qand hoï la novelle qe seul por sa faiture
Estoit tüé suen sir, la persone seüre,
Cum fu Cornelian por la mesaventure
Q'ert encontree Pompiu enver la giant tanfure. —
2255 Les pulcelles la dame, ond i avoit sens mesure,
Plurent e regretent selong la lor nature
E laideçent fortune le quiel amor nen dure
Quand exauce le tort e base la droiture.
Pompiu drice sa fame cum cil qe mout en cure,
2260 Entre ses brais la straint regretant sa venture
Quand si tost estoit mis ao bais de tant aoture.

 Regretant sa mexance e sa fort destinee   LXXXVII
 Tenoit Pompiu sa fame stroitement enbracee,
 Qe de color estoit tote descoloree.
2265 Lor la prist conforter diant: »Dame proisee!
 Si aute rien com vous e de tiel renomee
 Por un cous de fortūne nen doit estre esmaee.
 Ne vous vient da mari nē ancor da lignee
 A etre si perdūe por une seul colee
2270 Qe fortune vous ait a cestu pont donee.
 Or est venu tel termne, tel pont [e] tiel jornee
 Qe sor tretous les dames qe sunt de mere nee
 Poés avoir honor e etre plus loee.
 Ze vous sent mout buen gre si vous ai mout amee
2275 De l'amor qe m'avés motré cum cere lee
 Tant cum zē ai eū honor e grand posnee:
 Qar ne m'avés gerpi por chaut ne por gelee.
 Mais hor qe sui honi e vencu en meslee
 E q'il ne m'est remis creature nomee
2280 Se me motrés amor sans maovase pensee
 Tiel cum vous aves feit en ma grand renomee,   [26a
 Vos en devés bien etre dobletant merciee,
 E tiel lous gaagnerés e tiele resonee
 Qe mais ne vous mora tant qeo mond ait duree.
2285 Or sués toute soule — ne soiés esgaree! —
 Cellu q'est remis seul de tant rice masnee
 De rois, de dux, de princes, non pais de giant soudee
 Qē avoie a guier avant l'aube levee.«
  Ancor li dist Pompiu: »Çe vous pri por amour LXXXVIII
2290 Qe vous por ma mescançe ne soiés en error,
 Qar vous estes estraite dou lignaçe greignor
 Qe jamès fust a Rome, e non pas dou menor,
 Cē est des Cornelois qe sor tuit ont valor,
 Si fu vetre mari un des princes meilor
2295 Qe fust trovés a Rome — ce savons nos de vor —;
 E cil fu Marcus Crassus, le noble condutor;
 Cellu avant de moi fu vetre buen seignor;
 Und q'il vous est remés tant buens amis ancor
 Qe bien pués avoir grand bien e grand honor,
2300 Se por moi ne laisés. Or verai je des hor
 Se vetre cuer a esté enver moi boiseor,
 Se vos m'avés amé de buen cuer sans folor.
 Ce devoiés vous fer — neo tenés a iror! —
 Q'il est rainable zonse — ce savent li pluxor —
2305 Qe l'avoir e l'auteçe soient frer e seror
 E l'un honor cum l'autre e non le desenor.

Mes se lē aut gerpit suen ais e suen seçor
Por le pobre servir, cē est d'amor la flor.
Qe daomaçe avés-vos eū en ciet estor
2310 Qe vous motrés des hor tel plaint e tel dolor?
Fame ne doit plorer ne motrer nul langor
De tant qe suen mari est vis por nul tenor,
Mes pois quand il est mort, la doit motrer suen plor.
Il ne part qe per moi soiés en tiel freor,
2315 Mes seulmant por l'avoir q[ē] ai perdu cist jor,
Und qe ce ne resemble amor ne grand douzor.«
Ne fist gregnor proiere la dame de Cartaze LXXXIX
Por retenir cellu par cui fist le folaçe
Cum fist Pompiu le prince por metre buen coraçe
2320 A sa fame le zorn q'il la voit en tiel raçe.
E quand celle revint, si dit en suen lengaçe:
»Aï, zetive moi, pis qe bete saovaçe!
Qe de dous mes maris ch'erent de tiel paraçe
Nen ai eū gair joie longemant per aaçe,
2325 Qar seul por mes pecé sont livrés a hontaçe:
Le un fu Marchus Crassus, le cortois e le saçe, [26b
Qe fu tué das Turs contre le droit usaçe,
E l'autrē est Pompiu qi tant oit vasalaze
Qe semprē oit victoire por plans e por boscaze
2330 E fu beneūros en ceschun fer viaze.
Or est por moi sconfit, ond est mout grand outraçe,
Quand seul par mien pecé est mis a tiel pasaze.
Sē il devoit morir ceschun mien guionaze,
Parqoi ne pris-je donqes Cesar en mariaçe
2335 A ce q'il fust tué cum ceus de suen lignaze?
Qar pois seroit en pais le mond e le bernaçe.
Bien doi etre dolente qand seul por ma imaçe
Tant rois, tant dux, tant princes ont eré por folaze,
Qar t[r]etous sunt tué, ond est trou grand daomaze.«
2340 »Tout le mond«, dit la dame, »est seul por moi
maomis: XC
E rois, e dux, e princes, senators e marchis.
Ai Pompiu, le mien sir, çentis hom pöestis,
Qe seroiés bien daingn d'avoir trou greignor pris
De muiler qe ne sui! Und ze quier un servis:
2345 Qe me facés trencer li membres e le vis
E çeter en la mer sens nul autre respis.
Qar tous li alimens e fortune neïs
E tous li diex desor vos seront buens amis.

2307. gerpis.

Qar bien morir voudroie — de ce soiés vos fis —
2350 E vous austes honor desor vous enemis.
Julīe! je te pri, en qiel part qe tu is,
Qe me viegnes tūer d'un dard d'acer pontis,
Qar moul li ais raixon, qe fortmant te mesfis
Quand en cil lit entrai ou tu avant zeisis
2355 E avec tuen ami fis ce qe tu feïs.
Pois laixeras Pompiu avoir aucun delis,
Qar tous maus porcazés seul par mien cors zeitis.«
 Ensi de dementoit la belle au cors zauli   XCI
E laideçoit fortune q'a suen sir ot failli,
2360 Pois repasme da cef en li brais suen ami.
Qand Pompiu la gardoit, tot le cuer entendri
Si qe des oil dou cef mant lermes enceī.
Ce fu moul grand mervoille — selong q'avons oī —
Qar Lucan nous [re]conte, qe de ce ne menti,
2365 Qe jamès por bataille ne por estor ausi
Ne por cil de Tesaille ne plura ne gemi. —
Ne li fu hom ni fame qe ne plurast por li:
Le pople metelein de la cité ensi,
Entor Pompiu s'en vint demenant duel e cri;
2370 Après verent a lui li anciens flori
E distrent : »Zentis sir! Nous te rendons merci   [27a
De l'amor qe tu n'ais motré de cuer forni,
Qar la rien qe plus ames — cum nos savons de fi —
Nous envoias en garde. ond en eis si graī
2375 Q'en tot ta vie serais de la ville bailli.
Ne garderons qe Cesar soit notrē enemi.
Bien savons q'il nos porte grand iror e enui
Seulemant por ta fame q'avons servīe ci.
Or le volons proier, frans prince segnori,
2380 Qe tu un don nos faces — si'n aurais plus servi —
Qē une nuit demores en tuen hosteus anti:
Cē est ceste cité de qoi t'avons seisi.
Sē une nuit demores, tu nos meriras si
Qe lous e pris aurons plus qe nul reingn basti
2385 Qand en ta adversité t'auromes recoili
Si bien cum se tu fustes de l'estor departi
Cum honor, cum vitoire, e Cesar fust honi;
E ne sera Romein, ne rice ne mendi
Qe trapas por cist leu ne por cist bois foili,
2390 Da cui nos ne siomes trestuit quant beneī.
Se ci veus remanoir, mais ne t'aurons gerpi.

2364. nous conte, vgl. 692 u. 1049.

Envoieras por ceus q'anc ne t'ont relinqui.
Avant qe Cesar ait navire reampli
Por venir enver toi, tu pois etre garni.
2395 Le pople de la ville qe fiermant est ardi
Sera en tuen esforz armés a fer vesti
E tot l'avoir ch[ẽ] est en la cité stabli
Te sera delivré. Donc ni estre afebli!
Nos te volons proier cum dame suen mari
2400 Qe tu en nos te fies de buen cuer esjoï,
Cum tu feïs devant, quand tu eres esli
A prince sor li autres e da tous obeï.«

Tant ne saurent proier ne fer belle semblance   XCII
Qe ja Pompiu vousist fer iluech demorance,
2405 Mes de la lor bonté li prend grand pïetance:
»Seignor barons!« feit-il, »ce sacés por certance
Që en vos ai eü plus amor e fiance
Qẽ en tot l'autre giant si'n ai fet demostrance:
Qar a cil point q'estoie en plus aute sperance
2410 La rien qe plus amoie mis en vetre pusance,
Cẽ est ma cere fame ch'anc ne fist sorcuidance;
E or en ma besogne e en ma destorbance
Sui primer retornć a la vestre sustance.
Bien sai qe Cesaron vos porte malvoilance
2415 Por l'onor q'avés feit a ma loiaus amance.
Se demorase ci, zẽ ai bien consiance
Qe Cesar ci veroit sens autre desfiance   [27b
E por moi destruroit la giant e l'abitance.
Voir qe bien vos poristes garir de tel mescanze,
2420 Se vos me detrençastes le cef en sa presançe
Bien sai qe nel feristes por mort ne por pexanze.
Adonc seristes tuit por moi en grand sentançe,
E por ce ne veul fer plus ou vos demorançe.
Cercher veul pui e plan e mer en comunanze,
2425 Qel part voudra fortune, o soit sen o enfanze.
Tote foi me sera cist leu en remembrançe
Por qe tant m'a motré amor e amistance.
Aï isle fidelle, tu dones conoscanze
As rois, as dux, as princes e a lor continance
2430 De recobrer moi si cum veraie creance
Com tu as orendroit sens nulle dubitance!
E se ce ne feront, tu auras honorance
Sor tous les autres terres e gregnor renomance,
Qar tu seule aurais motré plus acontance
2435 E plus loiaus amor qeo remanant qavance.
E or pleïst as diex qe tiele costumance

Me tenisent les autres ou ferai desendance
E portassent a Cesar si grand enemistance
Cum tu as feit e fais, isle de grand sciance!
2440 Qar pois poroie bien cercher ceschune stance
E confondre celu qe le droit dexavance.«
 Remanir stuet li plait dou pople qe prioit   XCIII
Qe Pompiu remanist, mes il fer nel voloit.
Adonc ferent eslir la meillor nef q'estoit
2445 A le port Metelaine e cheo mer mains dotoit.
De toutes celles couses qe mester li avoit
La ferent bien fornir cum a lor seignor droit.
Dedans entra Corneile e celles qe li ploit,
Après i entra le prince e conzé demandoit
2450 As borzois de la ville e mout li mercioit
Dou bien qe ceus i ont feit, ond ceschun larmoioit
E laideçent fortune qe le droit sozmetoit
Por esaucer le tort qe le mond exiloit.
Atant s'en veit la nef e dao port se lonçoit;
2455 Les voiles feit dricer cil qe la governoit.
Ja estoit le soleus couzé e nuit venoit
E le prince Pompiu duremant trapensoit
A qiel prince de terre primer aler poroit,
Qe la cité de Rome amast e qi l'amoit.
2460 Pois apelle le metre de la nef e disoit:
»Sire! Chiele est la stoille plus certeine qe soit
Por erer por la mer en qiel part l'en voudroit?«
E cellui repondi selong që il savoit   [28a
E dit qe mainte stoilles en la nuit aparuit
2465 Por qoi li mariners mainte fois forvoioit.
»Mais ze me taingn a une qe mais ne mentiroit
Che l'en clame la cair, e celle ne faudroit,
Qar s'il n'est trou oscur ceschun trou bien la voit.
Por celle sai je bien aler chel part me ploit.
2470 Qiel part volés aler? Ou est vetre convoit?
Je vous amenrai bien ou voudrés, sens resploit.«
E Pompiu repondi cum hom qe dubitoit:
»De Tesaille te garde e dou romain destroit!
En ceschune autre part maine moi a esploit!
2475 Cum plus lontein me maines, greignor joie me croit,
Ou Egipt ou Afriche ou Turchie me pleiroit.«
Donc seit bien le stormant qiel part aler devoit.
 Or voit bien le stormant qe Pompiu veut ploier XCIV
Vers les pars d'oriant e ocidant leixer.
2480 Lor comença ses voilles encontreo vent dreicer,
Le governaus ausi celle part governer.

Sor le bort de la nef prist Pompiu a monter,
Vers la part de Tesaille il prist a regarder
E perçuit dos dormons venir pormi la mer:
2485 Sextus, suen anznés filz, estoit en le primer,
Lentulus, Scipion erent en cil darer,
Gelius e Metellus, cil qe voust defenser
Le tresor des Romens vers Cesaron le fer,
E rois e dux e cuens i estoient e princer
2490 E maint autres prodomes qe ce nen sai nomer
Qe se penoient tuit de Pompiu retrover,
C'ancor se cuidoient por lui tous recobrer.
E quand Pompiu li voit, sa nef feit arester
E reçuit tous cellor con un visaçe cler,
2495 E mantinant li feit dedans sa nef entrer,
Si li conforte tous, qar mout li avoit cer;
De la perde ch'oit fete nen veut ren demotrer.
Iluec avoit un roi ch'estoit gientis e ber,
Une part d'oriant avoit a justixier
2500 Si se fesoit da tous Dirotalius clamer.
Pompiu le coneoit loiaus e droiturer;
Por ce se pensa il de cestu envoier
En les pais d'oriant por secors demander.
Il avoit bien Pompiu prové cist Dirotal XCV
2505 A prous e a loiaus e roi mout droitural
E por ce le veut il envoier sens estal
En les pars d'oriant cum suen ami loial.
»Dirotaile«, feit il, »çentis roi principal, [28b
Pois që avons perdu d'occidant le regnal
2510 Por lē orgoil Cesar dedans l'estor mortal,
Ze vous pri qe sofrés por moi tant de traval
Qe droit vers oriant vous v'en alés sens fal,
Environ Eufrates e Tigris autrelal
Ou Cesar n'est ancor esté ne suen vazal
2515 Por secors demander vers le faus desloial.
Pois alerés as Turs ou tous sunt por engal
E dirés a Masars që est lor amiral
Q'il li doie membrer cum a frans roi real
De la foi qe jurames ambdui en comunal
2520 Sor toz l'amors q'avons as diex celestial;
Après dirés as Turs qe por estor campal
Ze conquis ceus d'Alarmes da pié e da cival.
As Persans, as Hermins je fis autretel bal
E onqes sor li Turs ne fis aucun asal;

. 2483. le part. 2514. sazal.

Qe conquir le pooie sens trou long batistal;
Si ils ceschun de lor mien ami general.
Mien compeignon fis cil qi seroit mien vasal,
E pois quand orent mort Crassus le mereçal
Jé atemprai l'iror des Romeins e le mal
2530 Und ch'i ne envoierent sor eus home zarnal.
Or me viegnent aider e por mont e por val,
Qar l'amor des Romeins auront ceschun jornal.«
»Sire!« dit Dirotaile, »tot ce sera bien feit   XCVI
A tote ma pusance, pois qe voi q'il vos pleit.«
2535 Lor s'apreste d'aler plus celeement q'il seit,
Tout ce q'il soit aut roi e de aut lignace streit:
La robe suen valet se vest, la sue li leit
Por ni etre sorpris en nul stranço destreit.
Qar le proverbe dit — le chiel parler est dreit —
2540 Qeo pobre pelerin çante seür e breit
Por devant le lairon, qe nul ne li mesfeit,
Qar cil qe riens ne porte, onqes rien ne li ceit.
Pompiu le met ao port solel lez un gareit,
A diex le recomande, e cil adonc s'en veit.
2545 Le prince feit partir sa nef sens plus long pleit,
Ou voit la greignor mer en celle part se treit.

Or s'en veit Dirotaille herant a grand traïn,   XCVII
E Pompiu por la mer a drecé suen cemin:
De Teolofe e d'Efese trapasse le marin.
2550 Saint Johans evangliste qe fu de Deu cuisin
Fu pois vesqe d'Efese — si cum dit le Latin —.
De Colofe trepase, de Colose outerin.
La envoia dapois saint Poul qe fu pain   [29a
Une de ses epistres servant ao roi devin.
2555 Après costoie Sames ou pois ot disciplin
Saint Cristofe le pros qe tant fu de grand brin.
Rodes e Tenedes costoie sans termin
E maint isles de mer e mant castieus maobrin.
A un port de Surïe ariva un matin
2560 Ou est une cité qe por ancestre lin
Fu nomee Panfilïe voirement sens engin,
Or l'apellent Chaiffa François e Angevin.
La fist charçer sa nef de pein, de zarn, de vin,
Mais dedans ni ousa entrer por nul convin,
2565 Qar plus i estoient homes q'il n'avoit en seisin
Und qe mout se dotoit d'avoir pejor destin.

2549 u. 2551. de Fese.

Adonc s'en departi, dolant, plein de venin
E se laise mener fortune a suen demin.
Pompiu laise Panfilie qē or a nom Chaiffas   XCVIII
2570 E s'en veit por la mer passant mant strançes pas
Tant q'il vient a Fasele le jor ao vespre bas.
Iluech desis Pompiu o sa giant a un fas.
Ce fu la prime terre — neo mescreés vos pas! —
Ou il entra primer puis q'il leisa le bras
2575 Dou port de Metelaine qe tant trova veras,
Qar il avoit plus zant — neo tenés pas a gas! —
Qe la vile n'avoit, ond ne doloit ses las.
Por cē entra seūr la dens, me mout fu las
Remembrant des honors, des jeus e des solas
2580 Qē il avoit eūs sor buens e sor maovas.
Or se stuit aconter as estrançes bidas
Cum s'il fust merceant e vendeor de dras.
Cil çorn e celle nuit fu dedans a Fasele   IC
Pompiu e ses amis e Cornelie la bele.
2585 Lendemain por matin, sens plus lonçe qerele
Entra en nef Pompiu e tous ceus q'il cadelle
E s'en veit vers Celice, plus isneus qe rondelle,
Une contree mout rice e de buene sentelle.
Ceste terre ne doit etre ver Pompiu felle,
2590 Qe il l'avoit ja garie au trencer de lamelle
Da li lairons de mer, qe ne fu zouse isnelle;
Qar ceus la soloient tenir sempre miselle.
Qand oncist ces lairons, por aucune novelle
Ne cuidoit mais torner pormi celle praelle.
2595 Or li fu profitable qe mascle ne femelle
Ne li contradit rien de quant q'il li apelle.
Tant esploita Pompiu costoiant cil rivaze   C
Ch'en Selines riva sens nul autre daomaçe.   [29b
Une cité petite est e de bais lignaçe
2600 E est port de Celice de suen droit heritaçe.
Iluec trova Pompiu mant barons de paraçe:
Senators, dux e princes e giant de maint lengaçe
Che estoient escampé — neo tenés a folaze! —
De l'estor de Tesaille por ne avoir plus outraçe
2605 E alerent querant Pompiu lor guionaçe.
Or le troverent la a mout noble bernaçe;
Mout en ferent grand joie sens nul maovès coraçe,
Qe plus lē amoient qe frer ne qe soraçe;
E quand Pompiu les voit, si sclarist suen coraçe:
2610 A grand honour reçuit ceschun cum home saçe.

... il miesme estaze,
... ou seit sens ou folaze.
... lez un zardin flouri
... sa giant e dit ensi: CI
... ensamble moi ici.
... de vos por mien ami
... aille e en ma fue ausi,
... afan vous ne m'avés fali.
... oi o moi — por verté le vos di -
... voie mien païs plus anti.
... aut, si rice, si garni
... Tesaile, në anc ne sui parti
... l'estor, si ceitis, si mendi
... ne poisse l'onor qe je perdi.
... plus ataint, plus honi
... esté e ancor plus laidi,
... en prison de Silla e anpois s'en fuī
... alla en Libie — com vos avés hoī —;
... demora gaire q'a Rome reverti
... un e autre, selong qe li pleisi.
... tot le comun de Rome lë esli
... consoil e por sir e sor tous signori.
... porqoi ne me doi recobrer si cum li?
... ni ancor soz moi mil dux, ceschun garni
... fer quant qe dirai cum ceschun m'a plevi;
... sui de mil nes en la mer bien forni,
Ch'a moi servir venrent, se li mand mien escri.
La meslee de Tesaille n'a pas anoienti
Dou tot mien grand esfors ne mien cors trou smari
E se rien ni eüsse de quant vous ai çeī
Fors seul ma renomance e mien lous e mien cri
Des grans feit që ai feit e de ce ch'ai stabli,
Restorer me devroie maogré mien enemi.   [30a
Or devisons ensamble — por amor vos en pri —
2645 Des terres qe zë ai, und ancor sui bailli:
De Libie, de Curaine, d'Egipt e de [Turqui],
En quiel de ceste aurons nous zamin acoili,
Qe mieus nous poise fer e secors e aī.
Mien penser vous dirai, qe mais nel vous scondi:
2650 En le roi Tolomeu ch'est d'Egiple saisi
Ne m'en fi mie bien, q'il est fous e ardi,
Ne mais de suen aaçe plus faus home nen vi,

2650. Egipt.

Ne bien ne loiauté de lui mais n'entendi;
Nē anc a cil de Libie nen veul crīer merci,
2655 Q'il fu niés Anibal qe jamès ne servi
A le comun de Rome ne iamais ne li obeī,
E est or un poi fer e un poi orgoili
Por Curius q'il oncist, quand en camps le venqui;
Und qe por nulle rien en ces dous ne me fi.«
2660 »Segnor!« ce dit Pompiu, »Tolomeu est moult faus, CII
Nē anc le roi de Libie ne croi je trou loinus,
Und ch'en lor ne m'en fi; mais [ia] le mien consiaus
Seroit d'aler as Turs qe mout sunt buens vasaus
E sunt pros e ardis a pié e a civaus
2665 E sont bien entreduit de dars e de quariaus.
Ze me pois bien fīer en lour tous por engaus
Qe mais ne me servi ne prince ne amiraus
En terre ou çe fuse ne prendissē estaus
Mieus cum ferent li Turs e ceus de lor hostiaus.
2670 Grand honor sera a Rome se suens nemis mortiaus
Se combatront por elle e doneront asaus,
Qi sont esté rebeus pois le primer zornaus,
Qe Crassus oncistrent, le prince naturaus.
Se ne nous vousisent defandre en lor regnaus
2675 Ni i est fors qe d'aler outre as mons d'oriaus
Ou çe sui coneūs, veilard e jovençaus,
E morir tous iluech ensamble comunaus
Hors de la segnorie Cesar, le desloiaus.
Qar a ma vie tenroie tant honlē e tant maus,
2680 Se çe l'ause em perdon da Cesar le cruaus
Cum s'il m'aūst porpris e mis en un toraus
E nüer me poūst a loi d'un vil bidaus.«
Quand oit en tiel mainere Pompiu suen dit finé, CIII
Il se perchuit tre bien q'il ne venoit a gré
2685 Suen consil a celor q'il avoit asemblé,
Qar ceschun murmuroit e resembloit iré.
Cil a cui plus poisa e plus fu corocé
Fu Lentulus le pros e bien l'ot demotré   [30b
As paroles q'il dist oiant tot le barné.
2690 Il comença primer a dir sa volunté
E por si feite gise oit Pompiu derasné
Qe bien sembloit a home de grand auctorité:
»O tu Pompiu!« feit il, »cum a si avilé
Le mescief de Tesaille tuen pris e ta bonté!
2695 Cum est ensi en un jorn tot le mond abasé

2681. mauist.

Q'il ne li est remis home de mere né
Qe te poisē aider fors li Turs qe ais nomé.
Adonc ne t'a fortune aocun secors laixé
Se non ceus qe fuant cuident vaincre lor plé?
2700 Ne cuides-tu trover secors ne verité
Se tu ne vais as Turs a querir pīeté?
Ja ne vais tu fuant de conté en conté
Ne ja ne portes armes por autre dignité
Se non por ta franchise defandre en tuen hać.
2705 Or te veus-tu souzmetre as Turs maleūré
Qē orent ja pēor de ta grand pöesté!
Se [tu] te vais a metre en lor prixon seré,
Li princes d'oriant qe jadis ais maté,
D'Ethīopē e d'Indie e des stranças regné
2710 Ne te priseront gaire, ainz seront reforzé
E porprendront orgoil ver toi e grand ferté
Quand iluech te veront las e desconsillé,
E voudront envaïr Rome de ceschun lé
E esprover sa force as brand d'acier letré.
2715 Donc ferais tu a Rome plus mal qe bien asé,
Qar tu descovriras notre grand poverté
A ceus q'ancor n'en ont un seul mot escouté.
Ne crois-tu qe li Turs qe tu as tant prisé
Vençeront avant eus qe nostre adversité?
2720 Il semble qe tu voiles le preu de ceus maofé,
Non pas le preu de Rome ne de sa amiste.
Rome ne t'a esleu prince ne duc levé
Por servir as estrances fors por sa utilité.
Tu ne dis nulle rien, sē ai bien escouté,
2725 Qe soit point convenable a ta grand franchité
Quand tu nous veus mener a ceus outrecuidé
Qe nē entendront mot qe per nous scit conté,
Stu nel dis em plurant. Donc serons vergogné
Plus qe mais fussent homes e plus deshonoré
2730 Quand tu devant as Turs aurais lermes gité.
Donc seroit mieus a Rome e mains cetivité
Q'elle querist perdon a Cesar l'ensené
Qē est suen citeïn, il e suen parenté, [31a
Qē a nul prince estrance ne roi nē amiré.«
2735 »Pompīu!« dit Lentulus, »une rien est certaine CIV
Qe cum plus vers solaus le zamin nos amaine
Trovons la giant plus foble e de plus foble laine.

2699. vainçre.   2705. ‚tu‘ ist von jüngerer Hand in den Text
geschrieben.   2708. ais smate.   2709. De Thiope.

Il ni est nulle giant en ceste vie terraine,
Qe n'ait eū daomaçe ver la cesariaine
2740 Fors seulemant li Turs qi sont dever Curaine.
Acorder se devroit tote la gient mondaine
A confondre li Turs, qar cescun li haaine.
Se tu vais celle part, cum tuen parler displaine,
Celle q'aura plus onte, sera Corneliaine,
2745 Q'elle sera avoutree da celle gient vilaine:
Qar cescun a dis fames ou plus, selong lor vaine,
E lor segnor a tant des fames q'il maomaine
Ch'a poine qe Corneile soit seulment la centaine.
Mout seroit grand daumaze quand dame tant autaine
2750 Com est Cornelian eūst honte ne paine,
Qar sour les çentis dames elle est la soveraine.
Cum tu metrais le pié en celle terre straine,
L'arme Crassus criera a l'entree primeraine:
»»Pompiu! ze t'atendoie zeschun jorn de semaine
2755 Qe vençer me venistes o tot la giant romaine,
E tu te vais a metre en lor compagne vaine!««
Por ce ne nos devons mïe metre en tiel traine,
Qar ontee seroit Rome ch'est dou mond chastelaine.
Mais alons en Egipt ch'est des terres la graine
2760 E porte fruit sans pluvie, qar le Nileo resaine.
Le roi li est por toi e por toi se demaine,
Qar tu l'encoronas de sa terre anciaine.
Ze ne t'en veul plus dir, mien çentis cevetaine.«
A cist mot Lentulus de suen dir se refraine.
2765   Quand Lentulus oit dit a Pompiu son voloir,   CV
Li autres qi l'oirent s'acorderent por voir
Dë aler en Egipt a tretot lor pooir.
La parolle Pompiu mistrent a nonchaloir,
Und le prince li stuit suïr e lor dit croir.
2770 Ceus carçerent la nef de mançer e de boir,
Pois drecerent lor voilles, selong le lor savoir,
Dou regne de Celice se pristrent a movoir,
Qe ja ne voudrent plus en cil leu remanoir,
E tant esploiterent — ce vous sai mentavoir —
2775 Q'i furent en Egipt sans nul daomaçe avoir,
E pooient trou bien le mont Crassus veoir
O le roi conversoit le matin e la soir.
Mes le vent fu contraire e le temps un poi noir
Und qe la nef ne poit ao mont port recevoir.   [31b
2780 Por dejouste Pelouse, un çasteus d'aut manoir
Ou vient un brais de Nile en la mer a seoir,
La ancrerent la nef e ferent a savoir

A Tolomeu le roi ou avoient espoir
Qe Pompiu la venoit, ses amis e suen hoir,
2785 E s'il li feit honor, moul li pora valoir.
Ce fu au mois de setembre, cum l'auct ormanifeste, CVI
En cellu jorn miesme qe cristiaine jeste
A sant Mateü font la vigile o la feste.
Un borçois veit amont e ao paleis s'areste
2790 Devant a Tolomeu si li dit la recheste
Qe li mande Pompiu e sa france majeste.
La cort fu spöentee, la verité fu ceste,
Ch'ensi subitemant venoit en ceste queste,
Qar de prandre consil ni avoient pas pöeste.
2795 Le roi fu mout felon e sa giant deshoneste,
Da cruaoté e da malice ne fesoient moveste,
Ne i en avoit që un loiaus de zonse honeste,
Cil estoit nés de Menfis ou le Nille s'apreste
A spandre por Egipt, qand rose la foreste,
2800 Acoreus est nomé e de bien fer s'aheste,
Ch'il vient a Tolomeu e mout bien l'amoneste
De honorer Pompiu qe i mist corone en teste
De le regne d'Egipt, und nul ne l'en moleste,
Und q'il nen doit ver lui motrer cere rubeste
2805 Anç le doit honorer senç cris e senz tempeste,
Qar de greignor honor nen poroit fer conqueste.
Avant q'aüst feni suen parler Acoreu, CVII
Leve en estant Futin, un maovès canineu,
Q'a mal consil doner mais ne li sembla greu.
2810 Cil ouse metre a mort e condaner Pompeu
Selong q'il croit q'il place a cil cui il rend feu:
»Garde bien qe tu faces«, feit il, »dan Tolomeu!
Mainte fois ais veü si l'ai veü anch eu
Qe quand l'en veut garder foi, loiauté e preu
2815 Enver suen conoisant në anch ver damnideu,
Quand fortune li est contre, il ceit en celu leu
Ond il croit hoster l'autre e en cil miesme feu.
Çe lou qe tu [le] tegnes a cil sens nul desreu
A cui deu e fortune doneou meilor dou jeu.
2820 Qi veut fer suen meilor e gencir duel e heu
Ne doit garder plus droit com feit le lous ao beu.
La force des riames periroit mout em breu,
Se l'en en toutes çonses feïst droit en son treu.«
»Tolomeu!« dit Futin, »qi veut sempre etre roi CVIII
2825 Doit fer tous felonies, tous maus e tous orgoi [32a

2786. fu ou mois.

E fer qe suen brand soit sempre de sang vermoi,
Q'il ne s'en dit niant fors la primere foi,
E pois cescun se doute de fer li auchun enoi.
Qi veut etre loiaus, omble, de bone foi,
2830 Ne doit de seignorīe jamès vestir coroi,
Ans doit venir hermite en bois o en roçoi
E proier por sa arme damnideu en secroi.
Saintité e autece — por la foi qe vos doi —
Ne s'afont bien enscemble — si cum je pains e croi —.
2835 Se tu ne crois defandre cist riame e porqoi
Neo laises-tu a ta suer qeo defendra por soi?
Qar la i a plus raixon — cum jē enland e voi —
Qe Cesar ne anc Pompiu qe vient ici si qoi.
Pompiu ne fuit pur Cesar, mais tous ceus de sa loi
2840 Q'il a feit detrencer a Tesaille en l'erboi
E li oiseus e li betes a trente e a trente troi.
Pompiu fortment t'äete, si te dirai de qoi:
De ce qe tu ne fustes avec lui ao caploi.
E ja ne trove home qē ait de terre un doi
2845 Qe le voille reçoivre; mes je ne m'en mervoi,
Q'il seroit exillé, por ce vint il a toi,
Q'il te veut trabucer avec lui ao gravoi.
Qar il te tient si joune — selong qe samble moi —
Q'il ne croit qe tu ouses ensir de suen otroi.
2850 Il nos croit ci tolir la joie e le sbanoi,
Q'il veut qe nous siomes parçoniers dou desroi
Q'il a feit en Tesaille seul por suen grand bufoi.
Qar Cesar vindroit ci — de ce rien ne mescroi —
Si nous metroit por lui en duel e en esfroi.
2855 Je voudroie mout bien — se çe deu nom renoi —
Qe Pompiu aūst vaint Cesar e suen convoi
Seul por ce q'il le fist coroner ad orfroi.
Mes pues qe Cesar est venceor dou tornoi
E che fortuneo veut metre sor suen aut poi
2860 A lui le dois tenir e ne ferais foloi.«

    Ancor parle Futin, l'oume malicious: CIX
»Roi Tolomeu!« feit il, »ja ni etre mie si ous
Qe tu Pompiu reçoives, qar tu seristes fous!
Tu dois bien porpenser cum tu eis valorous
2865 E mesurer la force de tiens amis tretous.
Tu ais mout fobles homes, non pas civalerous.
Panse cum tu poristes defandre, sire dous,

2826. qe suen brand sempre soit.   2828. secun.
2832. dāmnideu.   2851. ‚desfroi' oder ‚desroi'.   2864. tu is.

Pompiu enver Cesar qe tant est afarous,
Quand tot le mond entier, e noir, e blans, e rous
2870 Ne l'ont poü defandre ver lu — ce savés vous —.
Anc aie bien dotanse qe Cesaron le pros [32b
Ne soit notre enemi soulmant por le repous
Q'a feit ici Pompiu, ond mout sui dubitous.
Mais un remi li est, e plus nen avons nous:
2875 Qe nous trençons la teste a Pompiu, a cist cous,
Si en ferons a Cesar un don tant glorious
Q'a tot çorn de sa vïe nen ot un plus joious.
Pois serons siens amis e pres lui gracious,
E il ne sera jamais envers nous orgoilous,
2880 Ançois nous sera sempre omble, dous e pietous.
Ja ne te poit reprendre aucun — bien le conous —
Stu ais mostré a Pompiu amor e don e lous
Tant cum il fu puisant e q'il fu beneorous.
Qar bien tenroie fol e pis qe Arabilous
2885 Qi gerpist suen ami quand il est pöerous,
E plus fol est cellu, cetis e maleorous
Qe suit mais auchun home qand il est ao desous.«
Tretuit s'acord[er]ent a le consil Futin, CX
E le roi fu mout liés d'oucir le palatin.
2890 Por fer celle besogne — si cum dit le latin —
Exlirent Achillas, un tyran de put lin,
E Setimus ausi, un faus crueus mastin
Qe jadis fu Romein si gerpi suen terrin
Por servir Tolomeu — Deu li don mal destin! —
2895 Ai deu! — ce dit Lucan — cum ci a grand haïn
Quand si tre maovés homes, si fobles, si topin
Ouserent comencer a fer si grand traïn
Cum fu d'oncir Pompiu ne spandre tiel sanguin!
Maovès roi Tolomeu, forligniés e fraïn!
2900 Comant ousas-tu metre la main por nul engin
Sor cil qe jadis oit le mond en son demin
E fu defendeor sempre en cescun cemin
De le senat de Rome ver li lour malvoisin
E trois fois fu porté por vieus e por mesclin
2905 A honor de trionfe sor le palès maobrin
Ao romein capitoille loant le roi devin
E fu gendre Cesar e romein citeïn!
Mais avant qe tu mores, aurais fer disciplin. —
Setimus e Achilas s'arment a lour convin
2910 E pois en un batel entrent sans nul termin

2871. vgl. Einl. Abschn. 12 Anm. 2872. soulemant.

A seul dous avirons; por le port dou marin
Vont najant ver Pompiu li dexendant Chaïn.
Pompiu avoit ses voiles feit baser a declin,
Qar huimais ne i valoit ne siroch ne gerbin;
2915 A governaus venoit e avirons frasenin
Celle part ou fortune le veut condur a fin;
Il seoit sour le bort, vestu d'un cer herinin,   [33a
Environ lu siens homes q'estoient de grand brin. —
Ec vous li dous felons culvers plains de venin!
2920 Quand conuirent Pompiu, si li firent enclin. —
  Achillas le salüe primer en traïson   CXI
E dit: »Sire, veés le regne d'Egipton
Ch[ë] est aparillé en la subjection
De vous e de tous ceus de la vetre maison!
2925 Venés en cist batel, qar le port est felon
E perilous as nes des strançes region!«
Pompiu croit ce q'il dit, qe por nulle chaison
Ne poit fuïr fortune ne sa destineson.
Bien estoient ilueqes maint des siens compeignon
2930 Qe dioient entr'aus qe ce n'est se mal non,
Q'i pensoient qeo roi a grand procession
Li deüst venir contre, së il vousist suen bon,
E reçoivre a honour le roman campion.
Mes Pompiu qe savoit sa grand destrucion
2935 Descendi au batel sens point d'aresteson.
Com Achillas voloit il se mist a bandon.
Mieus s'ame abandoner a peril cum lies fron
Qe por peor de mort motrer foble façon.
Cornelie se voloit trabucer a cil pon
2940 Por dedans le batel dejoste suen baron,
Qar fortment li grevoit por la desevreson
Që il fesoit sens li, q'ele avoit doteison
Q'il n'i venist daomaze ne nulle engombreson.
E Pompiu si li dist coroços e embron:
2945 »Remanés, fole fame, qe ze vous en semon!
E vous, bieus fil, ausi, remanés sens tenzon!
Atendés ma venture un puec ci ao de lon,
E esprovés l'amor e la entencion
De le roi Tolomeu sens nulle suspicion!«
2950 Mes Cornelie stendoit ses mains cum grand fricon
E crioit irecmant: »Ou vais-tu, maovès hon?
Porqoi me laises-tu sens toi en cist dormon?
Ce n'est par tuen bien fer valixant d'un boton.
Se laiser me devoies en aucun leu dou mon,
2955 Porqoi ne me laisoies, moi e tuen fil adon,

          Melelaine en le noble dojon?
          luissons a ais q'en cist mer ne seron,
          ia toutes terres e da aoberçeson.
          tu qe fusse sens autre reançon
          compagne seulment pur en la mer perfon
          se il pas mie en terre? Ce ni est pas raison!«
          Quand ellë ot ce dit, sour la nef se pasmoit.   CXII [33b
          nen la moité de li desour le bort pendoit;
          Qar l'angoisce e la doute si fort la destregnoit
          Që auchun de ses oilz ne ça ne la᾽ tornoit
          L'nd që a suen semblant suen segnor ne veoit.
          L'autre [gent] de la nef q'entor la dame estoit
          Mout angoisosemant la venture atendoit
          De Pompiu, lor seignor, që ensi s'en aloit.
2970 Mes ne cuidoient mie ch'aucun home qe soit
      Ousast por lui trer armes ne fer li aucun destroit.
      Mes d'une autre zonse ceschun d'eus se dotoit:
      Qe Pompiu n'abesast tant l'onor q'il portoit
      E le honor de Rome qe sempre il defendoit
2975 Që il proiast celu a cui doné avoit
      Le riame d'Egipte e per li le tenoit.
      A cil point qe Pompiu de sa nef descendoit
      Setimus le salüe, le Romein maleoit,
      En la lenge de Rome, qar mout bien la savoit. —
2980 Por covrir suen traimant le culvers ce fesoit. —
      E ci nous dit Lucan qe le voir coneoit
      Qe cist Setimus sempre grand orguel mantenoit
      E fu outrecuidous, de cuer dur e pasoit
      Tous le[s] betes saovazes de cruauté sens nul droit,
2985 E les armes de Rome që il porter soloit
      Avoit abandonees e Tolomeu servoit.
      Aucun hom poroit dir qe fortune gardoit
      Qe cestu maovés home cui tant orgrel guioit
      Ne fu-t sté en Tesaille ou il oncis auroit
2990 Grand plantee de giant, mes elle le saovoit:
      Por fer plus cruauté, non por autre convoit.
      E Cesaron miesme grand honte avoir devroit
      Quand chivaler romein si grand cruauté oit
      Q'en servis Tolomeu a ses mains oncioit
2995 Cil q'ert prince de Rome e per Romeins moroit,
      E cil qe de Pompiu homë etre devoit
      Sour le cief suen seignor la main metrë ousoit,
      Q'il fist trou pis qe Brutus, e pis fer ne pooit. —

2972. secun.

Setimus e Achillas, li culvers sedutor, CXIII
3000 Quand i furent auquant de la grand nef longor,
Si trerent sor Pompiu li lour brand trençeor.
Alor seit bien le prince q'il ert mort sens restor:
Suen vis envolupa de suen mantiaus ad or,
Q'il ne voloit suen vis abandoner alor
3005 Descondé a la mort, qar por aucun tenor
Ne veut motrer semblant d'avoir nulle peor,
Ne chë auchun le voie cançer son droit color, [34a
Qar sa grand renomee ne veut perdrë ancor.
Achillas primemant li fiça cum furor
3010 Suen brand pormi le cors a estoc sens nul tendror.
Mes onqes ne se muet le bier por nul error,
Ançois se tint si qoi sens fer aucun crior
Cum s'il ne fust tocé da nulle part d'entor.
Bien fu iluec prové sa vertu e suen valor:
3015 La ou il reçuit primer le cous dau liceor
Dioit il en suen cuer: »Pompiu, tuen grand honor
E ta grand renomee që anch n'oit desenor
Est mestier qe tu gardes a cist derean jor.
Le siegle voit tuen etre, tuen cuer [e] tuen vigor
3020 E la desloiauté, le mal e le langor
Q'ais trové en Egipt dao felon traïtor
Qe te deüst porter grand foi e grand amor.
Tu ais eu za arieres — ce savent li pluxor —
Pris e prosperité entre tous li meillor.
3025 Or stuit qe tu te faces conostre a cestor
Qe te v[o]ient ci pres e ancor a celor
Qe vindrent après toi e sauront tuen labor.
Or para stu saurais bien morir sens freor.
Ne te caille stu moeres da si vil boiseor
3030 Cum est da Tolomeu e da siens seguior!
Motre ausi belle ciere cum stu moristes hor
Des mains Cesar mïesme, le vailant pugneor!
Se tu eis desmembré e mort cum tel iror,
Tu pois mercïer deu, le soprain roi desor,
3035 Qe d'onor e de vïe eis a un pont perdior.
Qar cil qe perd suen pris, suen bien e suen sejor,
S'il vit il vit ceitis e en mout grand dolor.
Ja ne moeres tu mïe si vilmant en tristor,
Q'ancor te voit ta fame e anc tuen fil greignor,
3040 E se i se mervoilent qe tu ne fais nul plor
De ce te doivent plus löer grand e menor.

3009. le.

Seignor, in tiel mainere cum vos avez oï   CXIV
Garda Pompiu son cor e sa pensié ausi.
E cist pooir oit il — selong qe ze vos di —
3045 D'etre sir de son cor, qar mais ne i fist esfri.
Quand Cornelie le voit, elle dit en aut cri:
»Ai Pompiu, le mien sir, comant etes traï!
Ceste maudite fame vous a dou tot honi;
Qar celle demorance qe feïstes a mi
3050 Por dedans Metelaine c'est la raixons de fi
Par qoi vos etes mort; qar Cesar lë ardi
Est venus en cist leu ond vos estes peri.«   [34b
Qar ne cuidoit la dame q'il fust nul home vi,
Tolomeu ne nul autre, tant fust de bien reampli,
3055 Qe tuast son seignor, se Cesar non fust li.
»Ai, biaus sire!« feit elle, »donc m'avés leisié ci
Porqoi vous morisés sanz moi a tiel estri.
Asés plus digne estoie de mort, që ai meri
De morir ainç qe vous, biaus sire segnori.
3060 Qar çe vous ai traïs en çans, en pre flori
Ou mant bontié eüstes feites qe avés guenci,
Se por moi ne falist. Ond jë ai deservi
D'etre dou tot onie e mise a mauparti.
Gerpir ne me devoies, qar anc ne vos fali
3065 Mais por terre e por mer, sempres je vos sui.
Ai, seignor mariniers, por damnideu vos pri
Qe vos më estranglés, ni i soit autre merci,
Ou vos m'ostés le chief a un brand d'acier forbi;
Si ferés grand franchixe se sens autre remi
3070 M'envoiés pres mien sir, qar por moi est fini.
Ai, bieus sire Pompiu, ch'anc ne fustes smari,
De tant cum fustes vis nul home tant nasqui
Ne me desdist a fer ce qe mien cors basti,
E cestor ne me lasent morir, tant m'ont haï,
3075 Ançois m'eschivent mort qe mien cors soit bailli
Ancor es mans Cesar; mais tot cë ert menti,
Qe mais ni aurai onte si est mien cuer stabli.«
A cist mot chiet pasmee e suen vis paloï.
Li mariner drisent lor voilles e ont saixi
3080 La plus droiturel voie ond [se] sont departi;
Mes ce li avint bien qe le vent li compli
A fornir suen viage qe primer li nuixi.
Li mariners s'en vont, ne pristrent plus respit, CXV
Si enmainent Corneile ao vaillant cors es

3050. e cest.   3056. ille.   3079. A cis mot.

3085 Sextus e maint Romains qe sont de grand profit.
Achillas le felon, Setimus le traït
Ferirent tant Pompiu — cum nous trovons escrit —
Qe partir li ont feit da cors li esperit.
Setimus li hosta li mantieus de samit
3090 Ou il envolupa suen vis — cum vous ai dit --,
Pois li trença li chief sens autre contredit
A un cortieus açerin — da deu soit il maudit! —
Qar il jeta le bust en la mer a delit.
Achilas prist le chief, qi che l'ait en despit,
3095 E sour un fust de lance il l'oit mis e afit
Si le porta miesme en le real habit
Por etre mieus creūs dao felon roi d'Egipt. [35a
Achillas le tyran ne voust mīe sofrir CXVI
Qe Setimus portast le cief davant suen sir
3100 Ançois le porta il por mieus ao roi pleisir.
E en ce forlignoit — cum vos poés oïr —
Setimus le culvert — cui deu puisse maudir! —
Qar li Romeins de Rome — selong qe poisons lir —
Nē avoient costume dē aucuns suçeisir,
3105 Ançois a comander e non a obeïr.
E Setimus nē oit dou cef porter leisir;
Qar Achillas ne veust q'il le poïst baillir,
Qar il estoit soz lui e cil a lui servir. —
Ei dieu, — ce dit Lucan — cum ci a grand aïr
3110 Quand la craine Pompiu qe tant soloit luisir
E le biaus front ample e le noble remir
Qe rois e duc e princes por tot le mond entir
Soloient tant doter, amer e acerir
Vient manoiee da giant qe ne auroient ardir
3115 Seulmant de lui garder! Qar je vous puis plevir
Q'il ne seroient dignes de tiel home seixir.
Tolomeu fist dou cief tot le cervel ensir
Si le fist enbaumer e secher e covrir
Por prexenter a Cesar quand il voudra venir. —
3120 Ci laidece Luchan fieremant Tolomé CXVII
Et dit: »Ai maovès roi, felon e forligné,
Le dereain de ceus q'Alixandre oit laisé
En le regne d'Egipte e che tint le regné.
A Cleopatra ta suer zeisis cum grand pecé,
3125 Ond ao derier perdis tuen regne e ta herité,
E Pompiu te rendi ta terre en pōesté
Si le toli a ta suer qe t'en avoit hosté.
Qe ne te membras-tu de celle grand bonté
.. Qe le preudom te fist? Qar tu fus coroné

3130 Seulmant por suen amor, non por autre amisté.
Afixandre si fu en ta terre enterré,
E tous liens ancesors qe furent rois clamé
Orent piramides e sarcheus honoré.
Ausi bien en fust digne — ce te di por verté —
3135 Le cors de cil qe laisses en la mier a floté.
Bien pooies le cors eo cief avoir sauvé
Por presenter a Cesar, s'il te venist a gré.
Or vont sor lui guencir li flot a grand planté
E ça e la lë ont sovaintes fois zeté.« —
3140 E tiele fu la foi qe fortune a porté
A Pompiu, le buen prince, e tiel mort i oit doné,
Qar de mal lë avoit en pluxors leus gardé, [35b]
E seulmant en un point l'oit dou tot crevanté.
Ce fu Pompiu q'estoit sempres bienaüré
3145 E honor sans meçanse oit en tot son haé,
Mes au dereain point ne fu pas sparagné
Q'il n'aüst tot le mal qe aüst hanc home né.
Fortune qe l'avoit sempre en sa roe levé
Au dereain l'urta sans nulle pieté.
3150 Or l'aloient les ondes urtant por grand ferté :
Por roces, por gravelle l'ont mout sovant jeté,
La sause li pasoit tre pormi le costé ;
En lui n'oit conoissanze qar mout fu desformé,
Mes a une seulle zouse il seroit avisé :
3155 Por ce qe le bust oit da le cief desevré.
Ceu fist conostre a cil qe dapues l'out trové
Qe puis l'ensevella — cum nos aurons conté —.
Ce fu un chivaler qe Codrus fu nomé
Qe tant se travailla e tant mal oit duré
3160 Q'ila trova le prince sor la rive aresté
Anç ch'en Egipt venist Cesar ne suen barné.
Ou par bien ou par mal fortune oit apresté
A Codrus qel trovast ch'en terre fust couzé,
D'autre part non voloit fortune — bien sacé ! —
3165 Qe Cesaron plus tost fust iluec arivé
A ce q'il në aüst Pompiu plus dignité.

3134. verité.   3136. ex cief.   3166. qel.

Glossar.*)

A conter, 2581, s'u. a. »sich besprechen mit« wie it. ‚accontarsi con qd.'
a cort, 1601, it. ‚accorto'.
a faire, 2834, s'u. »sich schicken«, it ‚affarsi'.
a fit, 963; der Zusammenhang scheint nicht auf ‚afiter', sondern ‚aficher' hinzuweisen »Jeder stand zwischen den Seinen so unbeweglich eingeengt, dass . . «.
a heter, 2073, äete, 2842, vgl. Prise Anm. zu 1083; »hassen«; Rv. hat an entspr. Stelle ‚li dieu haioient Thesale'.
aitis. 350, vgl 1837, eine wohl durch den Reim entstellte Form von ‚haitier', »sich freuen«.
a lian, 61, it. ‚alieno'.
a saus, 2671, vgl. it. ‚dar l'assalto'.
a sembler, 1834, it. ‚assomigliare a. qd.' »Jemandem gleichen'.
a ubers, sonst »Panzer«, 1424 aber das durch den Reim entstellte ‚auberge'; vgl. it. ‚prendere albergo'.
a vit, 968, vgl. Prise ‚avoire«'.
a voutour, 2049, it. ‚avoltore'.
a y guaine, 663, ?.

B inder, 1112, it. ‚bendare'.
brie, 253, vgl. Pr. 5334, ‚doner brie' »belästigen«, it. ‚dar briga a qd.'
buen, 2101, a buen = it. ‚a buono'?
bust, 1278, 3093, 3155, it. ‚busto'.

Ç aine, 2224, it. ‚cena'.
ça mbel, 1407, vgl. Pr. 4868 ‚zambel', it. ‚zambello'.
canineu, 2808, it. ‚canino'.
carpit, 1995, »Decke«, it. ‚carpita'.
choan, 1085 = eine Art Leder (?) — Rv. schreibt: ‚une piaus de coardon', F.: ‚una piastra di pelle di cuoio'.
clocet, 203, das in Rv. stehende ‚crochet', »Haken«.
comprare, 1797, it. ‚comprare', vgl. ‚comprare cara q. c.', »etwas teuer büssen müssen«.
cufie 1215, 1495, cuffie 1416, chufie 1584, vgl. Pr.

D emin, 662, statt ‚demaine', wohl beeinflusst durch it. ‚diminio'.
descondé, 3005, Part., welches mit ‚escondre' und ‚esconser' »verbergen« zusammenhängt; ‚desconder' = »entblössen«, was der Text bei Rv. bestätigt: ‚ne ot pas son vis abandonnee a descouvert a la mort'.
destandre, 1190, »zu Boden strecken«, it. ‚distendere', vgl. ‚distandre'.
destroit, 1853, it. ‚distretto'.
diaine, 630, stoille diaine »Morgenstern«, it. ‚stella diana'.
distandre, 16, »abfassen, niederschreiben«, it. ‚distendere'.

---

*) Ich nehme in das Glossar nur solche Worte auf, welche ich als altfranzösisch nicht zu belegen vermag, sowie solche, welche in starker Entstellung vorliegen, wovon jedoch die im Reim stehenden im Allgemeinen ausgenommen werden. — Bei den in Mussafia's Glossar zur ‚Prise de Pampelune' schon besprochenen Worten begnüge ich mich mit dem Hinweis auf jenes.

diviser, 1062, statt ‚deviser‘ »berichten«, it. ‚divisare‘.
dormon, 2208, 2484, 2952; in der Pr. ‚dromon‘.
Enavrer, 1570, 1588, it. ‚inaverare‘, vgl. 1100, 1589, 1687.
s'enfangne, 826, vielleicht von einem dem it. ‚infingersi‘ »sich verstellen« nachgebildeten Verbum.
ensogne, 333, 344, 360 und ‚insogne‘ 1177, it. ‚insogno‘.
entendrir, 2361, it. ‚intenerire‘.
entresagne, 824, it. ‚intrasegna‘ = ‚insegna‘.
envoluper, 3003, 3090, it. ‚inviluppare‘.
estans, 2139, Rv. bezeichnet dieselben als ‚ces lieux de tailles qe l'en clamoit les estans Ercules‘.

Falace, 1241, it. ‚fallacia‘.
faofard, 1289, vielleicht entstellt aus ‚faussart‘, wenigstens schreibt Rv. ‚fausard d'acier‘.
fer, 2953, ‚bien fer‘ »Wohlergehen« wie it. ‚ben essere‘.
fetor (fem), 2044, it ‚fetore‘ (mascl.).
flape, 130, »welk«, it. ‚fiappo, fiap, flapp‘ mundartlich (Diez) ; das Französische kennt (nach Godefroy) nur ‚flapir‘, welches figürlich = ‚flétrir‘.
fraIn, 1029, 1961, 2899, ‚fraIne‘ 2107, vgl. Pr.

Gardians, 412, sonst im Afrz. ‚gardain, gardeor‘ (Burguy); hier wohl beeinflusst durch it. ‚guardiano‘.
gerpin, 2914, »Südwestwind«, it. ‚garbino‘.
graI, 2374, mit it. ‚gradire‘ zusammenhängend?
gre, 2274, ‚sentir gre‘ it. ‚sentir grado‘.

Merant, 2547, sonst (nach Godefroy) ‚erant‘ »schnell, sofort«.

Impogner, 1179, it. ‚impugnare‘.
incoroné, 762, enc. 807, daneben ‚coroner‘, it. ‚incoronare‘.

Jotre, 735, 1058, 1234, ‚zotre‘ 3, auch ‚jostre‘ 1055, 1347, 1363, ‚jotrer‘ 555, it. ‚giostrare‘, vgl. Pr.

Las, 2577, wohl »Schlinge, Fallstrick, Nachstellungen«.
levant, 2147, it. ‚levante‘ »Ostwind«.

Menoir, 730, statt ‚amoindrir‘, it. ‚aminuire‘.
mercie, 778, »Märkte, Plätze«. J. schreibt an der entsprechenden Stelle: ‚Ricordivi come le nostre teste sarebbono gittate per li mercati di Roma, fitte su per li pali e per le lancie a disonore di noi‘.
mesvenir, 312, statt ‚mesavenir‘.

Ous, 2362, wohl mit it. ‚oso‘ »kühn, dreist« zusammenhängend.
ovremans, 405, it. ‚operamento‘.

Past, 2058, it. ‚pasto‘.
pensirous, 185, it. ‚pensieroso‘.
perioler, 1887, etwa = ‚periler‘ »in Gefahr sein«, beeinflusst durch it. ‚pericolare‘.
pitrals, 1360, wohl = it. ‚pettorale‘ »Brustriemen« am Pferdegeschirr.
pognal, 1135, vgl. ‚poignal‘ Pr. 750.
pogne, 1176 = it. ‚pugna‘.
propie, 456 = ‚propre‘, vgl. 857 ‚propiement‘, it. ‚propio‘.
proveance, 27, it. ‚provedenza‘.

Reforzer, 2710, it. ‚rafforzare‘.
remi, 2874 = ‚remedium‘.
remir, 206, 3111, »Aussehen« it. ‚rimiro‘.
resaine, 2760, hängt vielleicht mit it. ‚risanare‘ zusammen.
river, 2068, 2598 »landen«, vgl. Pr. 3021.
roser, 2799, st. ‚aroser‘, it. ‚rorare‘.
rubeste, 1119, 2804, it. ‚rubesto‘.
rubist, 313; die von Mussafia für Pr. 3712 vermutete Bedeutung »Abgrund« passt, soweit die in Rv. enthaltene Schilderung des an unsrer Stelle gemeinten Ortes erkennen lässt, auch hier; die Aehnlichkeit mit it. ‚rubesto‘, welche die übrigens hier auch gut passende Bedeutung »Wildnis« vermuten liesse, ist vielleicht nur durch den Reim verursacht.

Sanguiner, 1570, it. ‚sanguinare‘.
sas, 1388, wohl = it. ‚sasso‘.

sbarater, 796, 1012, »in die Flucht schlagen« statt ‚desbareter', it. sbarattare.
schere, 1000, »Reihe, Schar«, it. ‚schiera'.
sclavine, 1569, it. ‚schiavina' »Sklavenrock«.
segonder, 50, »folgen«, it. ‚secondare', vgl. Pr.
sementes, 2066, it. ‚sementa'.
sexte, 1125, it. ‚sesta' od. Pl. ‚seste' »Gebet zur sechsten Tagesstunde«.
solet, 2194, 2543, vgl. Pr.
sorveste, 1112, 1827, 1836, it. ‚sopraveste'. vgl. Pr. 2250.
sparver, 130, it. ‚sparviere'.
spaūrous, 186, it. ‚spauroso'.
stanc, 1372, »müde«, auch ‚estanch' 1395, it. ‚stanco'.

Termne, 2271, st. ‚terme', it. ‚termine'.
tesor, 1965, 2110, auch ‚tresor' 1975, 1981, 2488, it. ‚tesoro'.
tir, 205, jedenfalls durch den Reim entstellt und zwar vielleicht aus ‚tiere' »Kopfschmuck«; Rv. hat an der ent»pr. Stelle ‚une coronne serpentine'.
topin, 2896, weist auf it. ‚topino'. Hier hat es indessen nicht die Bedeutung eines scherzenden, sondern eines tadelnden Scheltwortes, vgl. Tommaseo-Bellini.
torson, 1137, wohl zusammenhängend mit ‚tors' (1529), wofür Rv. schreibt ‚tronchon de lance', also »abgedrehtes, abgebrochenes Stück«, it. ‚torso'.

tramontan, 2147, it. ‚tramontana' »Nordwind«.
trapas, 1373, it. ‚trapasso' »Passgang« (des Pferdes); ‚plus qe de trapas' »schneller als im Schritt«.
Venir, 2831 u. ev. 628, st. ‚devenir', vgl. Pr.
volpine, 1567, 2109; ich vermute beidemale Zusammenhang mit it. ‚volpino' »listig, verschlagen«.
vuer, 1207, ‚vuer la selle' »aus dem Sattel fallen«, it. ‚votare la sella'.
vues, 889, Pl. v. ‚vuit' »leer«. Rv schreibt ‚Li temple remestrent vuit aus grans festes . . .'

Xamplir, vgl. Pr. Das dort vorkommende ‚examplir' findet sich in der Pharsale nicht, wohl aber ‚xamplir' in Verbindung mit Abstrakten: ‚le bien' 482, ‚le trionfe' 706, ‚la franchise' 1458, mit der Grundbedeutung »vollständig machen«; nur 403 scheint es vielmehr in der Bedeutung »die Geister erfüllen, beschäftigen« gebraucht zu sein. — ‚reamplir' fast nur mit der Grundbedeutung des sinnlichen »anfüllen«, gleichbedeutend mit ‚emplir' 1039, 1958, vgl. 590, 2393, 2050, 3054, 86. — ‚complir' scheint beide Bedeutungen zu vereinigen 197, 3081.

Zausir, 992, 1261, vgl. Pr.

Anmerkungen.

7. Unbetontes ‚e‘ hat sonst in der Cäsur keinen Silbenwert. Da ferner von denjenigen Fällen, wo es doch solchen zu haben scheint (7. 155. 181. 1049. 1149. 1146. 1320. 1409. 1626. 1628. 1709. 2364. 2705. 2707, 3111), mehrere schon aus nicht metrischen Gründen eine Aenderung verlangen, während alle übrigen eine solche leicht gestatten, glaube ich Versehen des Abschreibers annehmen zu sollen.

18. ‚Saves‘ ist seiner Form nach Indicativ (vgl. 164. 552. 743. 785. 864. 2870), während der Imperativ ‚saces‘ lautet (103. 359. 947. 2406). Man sollte hier den Imperativ erwarten.

92. Die Form ‚feïsent‘ erscheint, ganz abgesehen von der durch sie gestörten Congruenz der Tempora, zumal dadurch verdächtig, dass das l'auf. in der Pharsale sonst ‚ferent‘ (14mal), ‚firent‘ (2mal) oder ‚feïrent‘ (1mal) lautet.

105. Die Handschrift lässt nicht deutlich erkennen, ob ‚ve‘ oder ‚ne‘ zu lesen ist.

218. Zwischen ‚Sextus‘ und ‚se‘ ist ein vielleicht ursprüngliches ‚tot‘ übergeschrieben; doch vermute ich vielmehr, dass stehen sollte ‚S. sč conf.‘, wo der Abschreiber, durch das im vorhergehenden Vers darüberstehende ‚se conf.‘ verleitet, den hier wie oft in der Hschr. mit ‚est‘ zu deutenden Strich übersehen hat.

273 ff. Die entsprechende Stelle bei *Rv* lautet: »Li primiers Brutus qui chaca Tarquine l'orgueileus i estoit [joious] de ce qe ces nies Brutus devoit eschamper de la bataille qi puis oeiroit Cesar ou chapitoile. Cateline et Cesus et Maurins . . . et cil de Marseille demenoient joie de ce qe compaignio leur croistra . . .« Das Epitheton ‚orgueileus‘ ist also dem Tarquinius gegeben, was Nic. misverstanden hat, denn er meint offenbar den primiers Brutus damit. Ferner scheint Nic. ‚Cateline‘ misverstanden und als Epitheton zu ‚chapitoile‘ gezogen zu haben, was ich indessen nicht zu deuten vermag; ich möchte deshalb vorschlagen, wie 2906, zu schreiben: »Ao romein capitoille«.

336. ‚ert asis‘ würde in den Zusammenhang passen, hat aber deshalb wenig für sich, weil schon der vorhergehende Vers so schliesst — wenngleich auch 1856 und 1857 gleichen Ausgang zeigen —; ich ziehe deshalb ‚fu jadis‘ vor (wie Vers 858) Mit *Rv* steht dies nicht in Widerspruch: »Il li fu avis qe il estoit a Roume en une chaire qu'il avoit jadis fete fere«.

367. Die Hschr. lässt nicht erkennen, ob ‚peres‘, ‚petes‘ oder ‚peles‘ zu lesen ist, sowie ob das vorhergehende ‚e‘ noch zum Worte gehört. Sinn scheint mir nur die Lesart ‚des peles‘ zu geben, wo ‚pele‘ das von

Diez belegte ‚pelle‘ »Perle« wäre. Auch 393 heisst es vom Zelte: »mont fu flamboians«.

439. Die Hschr. hat ursprünglich: ‚qi sont‘, woraus eine spätere Hand ‚qe font‘ gemacht hat.

453. Die Hschr. schreibt ‚vençeor‘ und meint ‚vainqueur‘, wie aus der entsprechenden Stelle in *Ro* »il te voulent fere vencre maugre tuen« hervorgeht; in derselben Bedeutung steht 2858 ‚venceor‘. Ferner zeigt das Verbum ‚vaincre‘ einmal die Form ‚vainçre‘ neben dreimaligem ‚vaincre‘, ‚vençons‘ (2 mal), neben ‚vencons‘ (1 mal), ‚vençant‘ (1 mal), ‚vainzra‘ (2 mal) neben ‚vancra‘, auch vencé (759 = ‚vainquez‘, wie der Vergleich mit *Ro* beweist), während sich im übrigen 9 Formen mit ‚c‘ (vor ‚u‘), 3 mit ‚qu‘ (vor ‚i‘) finden. Der ‚k‘-Laut überwiegt also. Wenn man ferner berücksichtigt, dass die häufig vorkommenden Formen des meist mit ‚ç‘, je einmal mit ‚z‘ und ‚g‘ geschriebenen Verbums ‚venger‘ leicht zu Verwechslungen verleiten konnten, so liegt die Annahme nahe, ‚ç‘, ‚z‘ und das vor ‚e‘ verwendete ‚c‘ bei den Formen von ‚vaincre‘ für Schreibfehler zu halten. Dagegen bleibt zu bedenken, dass auch die Formen des ital. ‚vincere‘ und ‚vin-citore‘ jene Schreibungen veranlasst haben, dieselben also vom Dichter selbst herrühren können. Trotzdem ziehe ich es vor, wenigstens beim Verbum ‚vaincre‘, um die Formen desselben von ‚venger‘ zu scheiden, die für den k-Laut in unserm Text übliche Schreibung durchzuführen.

506. Das Prés. Ind. von ‚dire‘ lautet 3. Sg. ‚dit‘ (ca. 45mal), Subj. 3. Sg. ‚die‘ (1449. 1947), während ‚di‘ nur als 1. Sg. Prs. Ind. (3134) und 2. Sg. Imperat. (247) vorkommt.

569. Sollte mit ‚stil‘: ‚estele‘ oder ‚astele‘ »Splitter« gemeint sein? — ‚il‘ ist durch den Reim bedingt. Das Wort wäre alsdann als eine sinnliche Verstärkung der Negation zu betrachten wie ‚brin‘ u. a.

588. ‚amole‘ glaube ich mit den Formen in 1812 ‚lor brans amolne‘ und 972 ‚sa lance molue‘ in Verbindung bringen zu sollen und zwar in der Bedeutung »schärfen«; ein Verbum ‚amoler‘ oder ‚amoldre‘ vermag ich nicht nachzuweisen. Der Text bei *Ro*: »Il amoient (oder ‚amolent‘) leur espees et les fers des glaives, metoient cordes ... en leur ars, emploient leur carchois ...« scheint für ein Verbum ‚amer‘ zu sprechen, doch giebt dies keinen passenden Sinn.

629. Der Umstand, dass ‚i‘ (= ‚j‘) in der Hschr. oft mit ‚g‘ vor ‚e‘ und ‚i‘ als gleichwertig gebraucht wird, mag dazu verführt haben, ‚rage‘ zu schreiben, trotzdem der Zusammenhang ergibt, dass nicht ‚rager‘ »wüthen«, sondern ‚raier‘ »strahlen« gemeint ist.

652. ‚Lies ‚l'araine‘ statt ‚la ruine‘.

669. Das Auffällige von ‚refroidu‘, welches nur in dieser Form in der Hschr. vorkommt, erklärt sich wohl aus it. ‚raffreddare‘.

725. Der Vers in der vorliegenden Fassung ist anzuzweifeln; wenigstens schreibt *J* an entspr. Stelle: »sono gente barbera che l'uno non intende l'altro, nè d'ordine di battaglia non sono usati ...« *Ro*: »barbarin sont, li un n'atendent l'autre ne de muete de bataille ne son de moienaus ne de buisines ne sevent il gaires ne soi contenir e lever del estor.«

762. Die Lesart ‚a folor‘ gibt keinen Sinn. Ich schreibe daher ‚afoler‘ auf Grund der entspr. Stelle in *Ro*: »Il m'est ja avis qe je voi ja corre le ru de leur sang e qe je vos voie fouler et dux et roys ...«

803. Die Hschr. hat zwar deutlich ‚Honour‘; doch nehme ich, gestützt auf das Akrostichon, welches hier *O* verlangt, und auf den Brauch

der Hschr. ‚h‘ bald zu schreiben, bald nicht, an dass Nic. ‚Onour‘ geschrieben hat.

804. Im Hinblick auf ‚conquis‘ (2522) und ‚Tarqn‘*) (1824) = ‚Tarquin‘ (353) löse ich im Widerspruch mit Musafia (Handschriftl. Studien, Heft II. S. 25 Z. 16 v. o.) ‚conqst‘ mit ‚conquist‘ auf; wie ja überhaupt in der ausgebildeten Minuskel q = ‚qui‘ ist. Vgl. Wattenbach, Anleit. zur lat. Paläographie, 4. Aufl. S. 77.

811. Wenn es erlaubt ist ‚ensamble‘ vor ‚serres‘ zu stellen, so ist metrisch gegen den Vers nichts mehr einzuwenden; andernfalls müsste man ‚ensambl‘' lesen; vgl. Pr. 1300.

823. ‚detrier‘ sowie ‚mier‘ (3135 = ‚mure‘), welche sonst nur die sehr häufigen Formen ‚detrer‘ und ‚mer‘ aufweisen, wage ich nicht anzutasten, weil ‚ie‘ sich in den verschiedensten Fällen statt ‚e‘ findet.

855. ‚vivisent‘; anders vermag ich die hier undeutlichen Zeichen der Hschr. nicht zu deuten und vermute dahinter, wie der Sinn es erlaubt, eine Form von ‚vivre‘, von welchem die Hschr. nur die Formen ‚vit‘ und ‚vivent‘ des Präsens aufweist.

1051. Die Umsetzung ‚lour homes‘ vor ‚condur‘ würde das metrisch Anstössige beseitigen.

1210. ‚Chil‘, welches sonst = ‚qui le‘ (vgl. 1358 u. 1630) oder = ‚qu'il‘ ist, muss hier und in einem ähnlichen Fall (1865) mit ‚que li‘ aufgelöst werden. Ich trage um so weniger Bedenken, dies zu thun, als in beiden Versen je eine Silbe fehlt, also die Vermutung eines Fehlers des Abschreibers nahe liegt.

1300. ‚talembors‘ ist mir unverständlich. Wenn es nicht der Name des Schwertes sein soll, würde ich die Lesart »le brand desandi« vorschlagen, um die richtige Silbenzahl zu erhalten.

1329. Ich füge ‚li‘ ein in der Annahme, dass ‚paire‘ mit ‚périr‘ »vernichten« zusammenhängt.

1353. Ich schreibe ‚senestroie‘, indem ich Zusammenhang mit it. ‚sinistrare‘ vermute.

1360. Lies ‚[i] vaut‘ statt ‚vaut [i]‘.

1387. Mit ‚clas‘ ist jedenfalls ‚clou‘ gemeint, vgl. ‚clavel‘ 1416; die Silbe ‚es‘, deren Zugehörigkeit die Hschr. zweifelhaft lässt, ist also zu ‚quint‘ zu ziehen; hinsichtlich der Form ‚quintes‘ vgl. ‚quatres‘ (684) und ‚quart‘ (199). — ‚coupus‘. Form sowohl als Zusammenhang verbieten es auf ‚couper‘ zurückzuführen. Dagegen scheint es auf it. ‚corputo‘ »dick« zu weisen (vgl. vokalisiertes ‚r‘ in ‚aubres‘, ‚maobrine‘). Bo sagt an anderer Stelle von demselben Pferde: »les jambes fors e droites, les pies larges, les ongles durs ...«

1584. Vertauscht man ‚lour‘ und ‚les‘ miteinander, so ist Sinn und Construction einfach; wenn anders ‚mens‘ (wie Pr. 1562) = ‚mains‘ (‚manus‘) ist.

1546 f. »Cäsar fügte den besten Pompejanern nicht soviel Schaden zu als dieser (Domicius) den Cäsarianern.« Das Gezwungene dieser Deutung fällt weg, wenn man dem Wortlaut in Bo (»nus de la gent

---

*) Die Type q bedeute hier ein unten horizontal durchstrichenes, in der Hschr. als Abbreviatur für ‚qui‘ verwendetes ‚q‘.

Pompee ne fist ce jor si grant machacre de la gent (Cesar come Domices«) entsprechend Vers 1547 folgendermassen gestaltet: »Non ducmacerent Cesar tant cum cist solemens.«

1636. Nic. construiert ,conssvre' stets so wie hier.

1692. Das zweite Hemistich ist um eine Silbe zu lang. Der Fehler liegt jedenfalls in ,Galamon', wofür Kv schreibt ,Gaaron'.

1746. Sinn und Versmass würden durch die Lesart »Qe çe ne tey veray« ebenso gut befriedigt als durch die vorgeschlagene.

1848. Das Enjambement lässt sich durch Einschaltung von ,li' vor ,abatott' beseitigen, wodurch zugleich der Sinn deutlicher wird.

1893. Die Form ,vous', auch 2018 und 2025, ebenso geschrieben, lautet sonst ,voust' (5mal) und ,veust' (2mal). Im übrigen endigt die 3. Sg. Parf. in der Hschr. wenn nicht auf einen Vokal, stets auf ,t'. Es liegt also wahrscheinlich ein Schreibfehler vor.

1910. Hinter ,de' ist ,s' übergeschrieben. Ich halte die Correctur für eine ursprüngliche; ,sconfir' (it. ,sconfiggere') findet sich auch 201, 1984. 2093. 2331.

2005. ,voloir' zeigt sonst noch folgende Formen im Subj. Impf.: 2. Sg. ,vousistes' (431). 3. Sg. ,vousist' (374. 2404. 2932), 3. Pl. ,vousissent' (1907. 2674), ,vousistent' (2013).

2060. ,Qeo' der Hschr. kann nach dem Schriftgebrauch derselben nur mit ,que le' aufgelöst werden, während hier offenbar ,que il le' gemeint ist; vgl. Kv: »nen sorent tant porter ne mengier qe il i pareust guires plus . . .«; ich schreibe deshalb ,Quo'.

2380. Die Auflösung des handschriftl. ,pl', welches sonst (921. 1056. 1617. 2545) = ,plus' ist, ist mir hier zweifelhaft, da rechts über ,p' noch ein mir freilich unverständlicher horizontaler kurzer Strich steht; die Unklarheit des Sinnes wird durch das wahrscheinlich entstellte ,servi'. welches vielleicht = ,service'. noch vergrössert

2483. ,le part' betrachte ich mit Rücksicht auf 2474. (2499). 2546. 2748. 2910 als einen Schreibfehler: ,quiel part' 2462. 2469. 2470 darf nicht auffallen, da eine besondere Femininform bei ,quiel' nicht existiert.

2514. Das handschriftliche ,sazal' vermag ich nicht zu deuten. Ich vermute einen Schreibfehler und setze ,vazal'.

2646. Ich glaube die Lücke der Hschr. durch Einfügung von ,Turqui' ausfüllen zu dürfen, da auch Kv dies hier mit aufzählt.

2705. ,tu' steht zwar im Text, rührt aber von jüngerer Hand her.

2708. Ich vermute, da ich ,smater' weder mit einem französischen noch einem italienischen Verbum in Verbindung zu bringen vermag. einen durch das vorhergehende ,s' verschuldeten Schreibfehler und setze ,maté'; frz ,mater', it. ,mattare'.

2786. ,ou' kann nach dem Brauch der Hschr. nicht für das hier gemeinte ,u le' stehen. Ich schreibe daher ,an'.

2826. Ich glaubte mich zu der aus metrischen Gründen nötigen Umstellung um so mehr berechtigt, als sich oben vor und hinter ,sempre' apostrophähnliche Zeichen befinden, deren Bedeutung mir unklar ist. falls sie nicht eine Umstellung andeuten sollen.

2851. Die Hschr. lässt nicht erkennen, ob ,desfroi' oder ,desaroi' zu lesen ist. Das letztere ist wegen seiner Bedeutung vorzuziehen. Im

Hinblick auf ‚desroi‘ (420) empfiehlt es sich indessen, den zweifelhaften Buchstaben überhaupt zu streichen.

3135. Der Infinitiv mit der Präpos. ‚h‘ findet sich bei ‚laisser‘ in unserm Text nur noch 1886. Doch lässt sich daselbst ‚a‘ anzweifeln, da durch einen von der Hschr. öfter zu diesem Zweck angewandten, darunter befindlichen Punkt die Tilgung des ‚a‘ angedeutet wird; nur lässt sich die Ursprünglichkeit dieses Tilgungszeichens nicht beweisen. Trotzdem habe ich (1886) die Uebereinstimmung mit dem sonstigen Brauch um so lieber hergestellt, als dadurch die Zweisilbigkeit von ‚tuer‘ und die Reinheit des Reimes hergestellt wird. Hier aber (3135) vermag ich eine geeignete Emendation nicht zu finden.

3136. Das handschriftliche ‚excief‘ vermöchte ich nur sehr gezwungen mit it. ‚scapare‘ in Verbindung zu bringen. Ich ersetze daher ‚x‘ durch ‚o‘, wobei ‚eo‘ = ‚e le‘, und zwar in Uebereinstimmung mit Rv, wo es heisst: »e pefhes estuier le cors e le chief ensoenble a Cesar«.

Verbesserungen.

S. 11. V. 437 lies ‚lance‘ statt ‚lancĕ‘.
S. 11. V. 446 ff. Der Punkt hinter V. 446 ist zu tilgen und hinter V. 447 zu setzen. In Vers 448 ist als Subjekt ‚li diex‘ aus V. 445 zu ergänzen, was ausser durch den Zusammenhang auch durch den Wortlaut bei J und Rv bestätigt wird. ‚soz suen color‘ wäre etwa = »unter ihrem Banner«. Zu ‚suen‘ vgl. Einl Abschn. 32.
S. 17. V. 687 muss Komma statt Punkt am Ende stehen.
S. 46. V. 1950 lies ‚en le çans‘ statt ‚en çuns‘.

www.ingramcontent.com/pod-product-compliance
Lightning Source LLC
Chambersburg PA
CBHW031355160426
43196CB00007B/820